W0412722

Collection
Le domaine du mystère

LES MÉTAMORPHOSES DE DRACULA

Le domaine du mystère
est celui qui nous
promet les plus belles
expériences.

Albert Einstein

DENIS BUICAN

LES MÉTAMORPHOSES DE DRACULA

L'HISTOIRE ET LA LÉGENDE

ÉDITIONS DU FÉLIN

© Éditions du Félin, 1993.
10, rue La Vacquerie, 75011 Paris.
ISBN : 2-86645-142-2

Les copyrights relatifs aux extraits d'ouvrages reproduits
en encadrés sont indiqués dans la table des matières.

Avant-propos

« ... Faut-il se risquer jusqu'à inférer l'existence de certaines structures psychiques spécifiques, innées, de l'espèce humaine, permettant une canalisation sélective de la réalité selon leur *a priori* ? De telles structures psychiques qui conditionneraient et rendraient possible l'agencement *a posteriori* de la connaissance humaine pourraient-elles s'appeler, par exemple, anthropopsychotypes et rendre également compte, non seulement d'une canalisation de la connaissance scientifique – ou non – de la nature, mais aussi de la persistance, dans la mémoire de l'humanité, des archétypes de Jung – à la base des symboles, des rêves et des mythologies – et des archétypes enregistrés par l'histoire des religions dont s'occupa naguère Mircea Eliade ? » Cette question fondamentale figure dans mon ouvrage *La Révolution de l'évolution*.

Carl Gustav Jung s'est penché avec insistance sur le caractère génétique de l'infrastructure symbolique de la pensée humaine : « Si le caractère inné des archétypes étonne, que dire alors des insectes et de la complexité de leurs fonctions symbiotiques ? Car enfin, la plupart d'entre eux ne connaissent pas leurs parents, et ils n'ont reçu d'enseignement d'aucune sorte. Pourquoi faudrait-il supposer que l'homme soit le seul vivant dénué d'instincts spécifiques, ou que sa psyché ne comporte plus aucune trace de son évolution[1] ? »

On trouve également la même pensée chez Mircea Eliade : « En attirant l'attention sur la survivance des symboles et thèmes mythiques dans la psyché de l'homme moderne, en montrant que la redécouverte spontanée des archétypes du symbolisme archaïque est chose commune chez tous les humains, sans différence de race et milieu historique, la psychologie des profondeurs a délivré l'historien des religions de ses dernières hésitations[2]. »

Le vampire est sans nul doute un archétype qui s'est imposé dans l'imagination populaire à travers la vérité historique de Vlad l'Empaleur, prince de la dynastie des Basarab né en 1430, ayant régné de manière intermittente en Valachie (en 1448, de 1456 à 1462 et en 1476). En effet, si celui-ci s'opposa avec bravoure à la menace ottomane, il laissa aussi le souvenir d'un despote cruel et sanguinaire.

Mais les rhizomes du mythe de Dracula se perdent dans la nuit des âges. Sans doute peut-on les situer dans les traditions préhistoriques des prédateurs-cannibales qui buvaient le sang de leurs ennemis vaincus pour s'approprier leurs qualités. Par la suite (à une époque plus tardive marquée par le christianisme officiel), la mémoire populaire en témoignait encore, qui faisait état de croyances anciennes où des revenants vampirisaient les vivants...

À sa manière, en utilisant le supplice du pal, le voïévode des Carpates était, au figuré, un vampire, car son pouvoir, comme toutes les tyrannies, se nourrissait de sang humain...

La naissance posthume du mythe a plusieurs sources : la mémoire collective populaire des pays roumains, des récits extraordinaires en russe, mais aussi – et surtout – les

1. C.G. Jung, *L'Homme et ses symboles*, Éd. Robert Laffont, 1964.
2. Mircea Eliade, *Image et symboles*, Tel, Gallimard, 1952.

légendes du prince valaque que les Saxons de Transylvanie faisaient circuler en langue allemande. Ainsi la survie légendaire du mythe de Dracula fut-elle assurée par l'effacement de l'image historique de Vlad l'Empaleur. Le fantôme de Dracula vampirisait en quelque sorte la personnalité réelle du prince de Valachie...

La légende est devenue mythe au siècle dernier grâce au livre de Bram Stoker et, dans le nôtre, au travers des films qui s'en inspirèrent – légende qui s'est exacerbée dans un délire de sang.

Si l'on considère le vampire comme un archétype où se confondraient, dans une même volonté de conserver un pouvoir maléfique et une vie menacée, celui qui verse le sang et celui qui en boit, la filiation de Vlad l'Empaleur, du mythique Dracula et de quelques autres de leurs successeurs modernes (Staline, Hitler, Amin Dada, Bokassa, Pol Pot, le Roumain Ceauscescu...) trouverait sa logique dans un *a priori* de la connaissance humaine.

1

L'aube de Vlad l'Empaleur

Dans l'ombre des tragédies sillonnant l'histoire, Vlad l'Empaleur, surnommé Dracula, s'il n'a pas véritablement une place de choix, a du moins une gloire digne de *L'Enfer* de Dante, qui l'empêchera de mourir en ce bas monde où pourtant les périls sont nombreux.

Il est vrai qu'une destinée aussi exceptionnelle fut marquée par une enfance d'exception.

Le père de l'Empaleur s'appelait Vlad Dracul. En roumain, cela veut dire « le Diable ». Son existence ne fut pas moins agitée que ne le sera plus tard celle de son fils.

Tous deux appartenaient à la dynastie des Basarab. Le fondateur de celle-ci, Basarab Ier (vers 1316-1352), avait fait de la Valachie le premier État médiéval de Roumanie bien avant la constitution de la Moldavie et de la Transylvanie. Les trois principautés étaient vassales des rois de Hongrie, mais à des degrés divers, la Transylvanie étant dirigée par un voïévode nommé par le roi de Hongrie.

Après sa conquête de l'Empire byzantin, de la Bulgarie et de la Serbie, l'Empire ottoman était devenu le puissant voisin de la Valachie sur une frontière qui longeait le Danube jusqu'à la mer Noire.

L'Empire ottoman s'efforçait de dominer le petit État par des démonstrations de force ou en essayant de placer à sa tête un prince « sous influence ». Une manœuvre que le système de succession au trône, trop souple et trop large, facilitait grandement, tout en vouant la famille princière aux querelles intestines. En effet, selon la tradition roumaine, le « Domn », le prince, était choisi par le « Divan », conseil suprême du pays, dans la famille régnante, en incluant tous ses membres légitimes ou bâtards. En Valachie, le seul critère était donc qu'il fût « l'os de l'os » de la famille des Basarab.

Vlad Dracul était (ou se prétendait) fils naturel de Mircea l'Ancien, voïévode valaque réputé, et connu pour sa vaillance dans les combats contre les envahisseurs ottomans.

Si le surnom de Dracula semble convenir à sa diabolique famille, certaines sources historiques montrent qu'il trouverait son origine dans l'ordre du Dragon, créé pour une croisade projetée mais jamais mise en œuvre par l'empereur Sigismond de Luxembourg. Quelle que soit l'origine du surnom de Dracula, on peut constater qu'il est parfaitement adéquat à cette branche de la famille des Basarab.

L'origine du nom de la dynastie Basarab reste d'ailleurs ensevelie dans les ténèbres de la légende. Une hypothèse a été formulée par Hasdeu, un érudit du siècle dernier. Selon celle-ci (en se fondant sur certains arguments philologiques) le nom de Basarab aurait dérivé de l'appellation « dirigeant » dans la langue mystérieuse et perdue des Daces, une population autochtone d'avant la conquête de l'empereur romain Trajan, qui est à la Roumanie ce que les Gaulois sont à la France.

Laissé un certain temps en otage à la cour de Sigismond de Luxembourg, roi de Hongrie, Vlad Dracul réussit à s'emparer du trône de Valachie pour en être chassé en 1442 pendant la guerre entre la Turquie et la Hongrie. Rétabli dans ses droits quelques années plus tard, il dut laisser en gage de fidélité à la cour du sultan ses fils mineurs : Vlad (qui deviendra l'Empaleur de l'histoire et le Dracula de la légende) et son petit frère Radu, surnommé le Bel.

Selon l'historien Iorga, la captivité de Radu devait s'accompagner d'événements mouvementés pour ne pas dire scabreux : « Radu était encore beau, de cette beauté qui avait séduit Mehmet, et Chalkokondylas raconte la scène odieuse du fils du prince se défendant, l'épée à la main, contre les désirs du sultan, et le blessant, pour aller se cacher ensuite parmi les branches d'un arbre ; il n'avait pas pu échapper à la honte de cet attentat, et c'est pourquoi aussi son maître l'avait choisi comme prince, lui donnant solennellement un drapeau rouge et le bonnet vert brodé d'or, pareil à celui, rouge, garni de grosses perles, finissant par une aigrette prise dans une fleur de pierres précieuses que porte, dans le beau portrait du château d'Ambras, Vlad lui-même, représenté maigre, sombre, aux yeux ronds et énormes [1]... »

Cet épisode se déroule pendant la captivité des princes otages, donc bien avant le jour où Radu, aidé par les Turcs, remplaça son frère Vlad, en 1462, sur le trône de Valachie. On pourrait en conclure, avec ou sans humour, que la succession du trône peut dépendre parfois d'une simple affaire de mœurs...

Vlad Dracul, dit le Diable, monté sur le trône de Valachie avec l'aide du grand croisé que fut Jean Hunyadi (voïévode en Transylvanie et régent de Hongrie, d'origine roumaine, et père du plus grand roi de Hongrie, Mathias Corvin), devait finir exécuté par son ancien protecteur. Le puissant seigneur de Transylvanie avait pris ombrage des rapports que son protégé semblait établir avec le sultan turc. Quant à son fils Mircea, l'aîné, qu'il avait gardé chez lui alors que les deux autres se trouvaient otages du sultan,

1. N. Iorga, *Histoire des Roumains*, vol. IV, *Les Chevaliers*, Bucarest, 1937.

il fut enterré vivant par des habitants hostiles de l'ancienne capitale valaque.

Marqué à jamais par les tragédies rencontrées dans sa propre famille comme par celles liées à la terrible date de 1453, quand l'Empire grec de Constantinople finit dans sa propre impuissance et dans la lâcheté et l'indifférence cynique du monde occidental d'alors, Rome comprise, Dracula endurcit sans aucun doute sa propension naturelle à une cruauté folle que l'on appellera plus tard sadisme.

Et, depuis Érostrate, qui, pour devenir célèbre, mit le feu au temple d'Artémis à Éphèse, on sait que le pire survit avec plus d'efficacité que le meilleur, dans l'histoire comme dans la légende.

Les Corvin et les croisades

On ne peut passer sous silence, tant leur action fut mêlée aux affaires de la Valachie en général et aux destinées de la famille de Dracula en particulier, le rôle joué par les Corvin (les Hunyadi), qu'il s'agisse de Jean, voïévode de Transylvanie et régent de Hongrie (un « croisé de sang roumain », selon les termes de l'historien Iorga), ou de son fils Mathias, considéré comme le plus illustre roi de Hongrie.

Le premier arrêta pour un temps, grâce à ses combats, l'avance des Turcs en Europe, et retarda sans doute la terrible chute de Constantinople. Du fait de ses origines roumaines (comme de sa situation géopolitique), il ne pouvait se désintéresser des affaires des principautés roumaines d'au-delà des Carpates, notamment de la Valachie qui se trouvait, nous l'avons vu, à la frontière de l'Empire ottoman.

Les Corvin pouvaient peut-être aussi se sentir engagés, leur nom (dérivé de « corbeau ») se trouvant symboliquement présent sur l'oriflamme des Basarab sous la forme d'un corbeau tenant une croix dans son bec, le tout sur fond d'azur, scellé par le soleil et la lune. Voilà qui symbolisait, sans doute, le vol du temps depuis la nuit des âges...

Cela dit, les rapports du roi de Budapest et de son cousin de Valachie, le futur Vlad l'Empaleur, n'étaient pas toujours au beau fixe, pas plus qu'ils ne l'avaient été avec Vlad Dracul, le père, en dépit de leurs liens de parenté – la dernière femme de Vlad l'Empaleur étant probablement une sœur du célèbre roi de Hongrie. Politique et raison d'État aidant, les soupçons étaient donc constants entre le roi de Buda (Budapest d'aujourd'hui) et son cousin de Valachie. Celui-ci pratiquait une politique d'équilibre entre les grandes puissances voisines, en l'occurrence la Turquie, pourtant abhorrée et crainte, et la Hongrie, regardée avec méfiance pour ses tentatives d'annexion.

Malgré son courage opiniâtre et l'habilité tactique le caractérisant, Jean Hunyadi, puis son fils Mathias, ne purent satelliser la Valachie sur une orbite stable, la fortune des batailles avec l'Empire ottoman ne leur accordant point le répit nécessaire. D'ailleurs, à partir du milieu du siècle, les croisades anti-ottomanes de Jean Hunyadi ne connaîtront plus beaucoup le succès. En 1444, c'est le désastre de Varna ; quatre ans plus tard, celui de Kosovo (la plaine des Merles) ; en 1458, Jean est atteint de la peste à Belgrade, en Serbie, et meurt sans avoir pu mener à bien sa dernière croisade.

Dracula, lui, profite de la victoire de Kosovo pour s'emparer du trône de Valachie. Le vice-gouverneur de Transylvanie, en l'absence de Hunyadi, le convoque et l'admoneste, lui demandant compte de l'usurpation commise. Dracula répond par lettre qu'il ne peut donner suite à son invitation, car les Turcs en prendraient ombrage, ce qui mettrait sa vie en péril. Cette lettre, datée du 7 décembre 1448, met en évidence la tragédie valaque : celle d'un pays écartelé entre les grandes puissances et contraint de mener une politique en dents de scie.

Mais ce règne de Dracula sur le trône de Valachie (inconnu dans l'historiographie traditionnelle) est de courte durée : deux mois à peine. L'ancien voïévode, au retour de la bataille de Kosovo, réussit à bannir... l'usurpateur. Dracula se serait alors réfugié à la cour du sultan.

À partir de là, on perd quelque peu la trace de Dracula. Il aurait trouvé asile en Moldavie, après s'être évadé de la cour du sultan où il semble qu'un voïévode nommé Bogdan, marié à une femme de la dynastie des Basarab, père d'Étienne le Grand (et donc cousin de Vlad) l'ait accueilli. En 1451, Étienne et Vlad durent s'enfuir, après l'assassinat, pendant une noce, de Bogdan par un demi-frère avide de s'emparer de la couronne de Moldavie.

En Transylvanie, Vlad, futur empaleur, fut loin d'être le bienvenu. En témoigne une lettre écrite par Jean Hunyadi adressée en février 1452 à la mairie de Brasov (importante cité frontalière) pour dissuader les gens de cette ville d'accorder l'hospitalité au jeune prince Vlad, et même leur intimer l'ordre de le capturer et de le chasser du pays.

Traqué, Dracula est obligé de franchir les montagnes pour trouver refuge en Moldavie. Toutefois, quelques années plus tard, en 1455, Jean Hunyadi lui pardonne et l'accueille de nouveau auprès de lui, en Transylvanie.

C'est que, entre-temps, en 1453, Constantinople est tombée aux mains de Mehmet II. La puissance ottomane menace la Valachie et la Moldavie, ce qui veut dire, à terme, la Transylvanie et la Hongrie. Pour le trône valaque, Jean Hunyadi pense à un homme à poigne, qui pourrait bien être Dracula. Les rapports du roi de Hongrie avec le prince régnant de Valachie, Vladislav, ne sont pas des meilleurs. Vladislav considère comme une grave injustice la confiscation de fiefs traditionnels des Basarab, en Transylvanie, ceux d'Amlas, et de Fagaras où se trouve, selon la tradition, le berceau même de cette dynastie. Si, du point de vue de la légitimité historique, Jean Hunyadi avait tort d'arracher ces provinces à la Valachie, il pouvait néanmoins, pour justifier l'annexion, trouver une raison d'État dans les rapports, suspects à ses yeux, que les princes régnants de Valachie étaient amenés à entretenir – trop souvent malgré eux – avec le puissant sultan. Or, ces provinces de Transylvanie, laissées au voïévode de Valachie devenu vassal des Turcs, auraient pu constituer des brèches dans la défense, organisée par Jean Hunyadi contre l'Empire ottoman.

Sans doute tous ces faits et ces méfaits historiques ont-ils dû peser dans la balance quand Hunyadi décida d'aider Dracula à reprendre le trône de son père, tué d'ailleurs pendant une intervention armée du même Hunyadi... Grâce à ce soutien, Dracula vint s'emparer du trône valaque en 1456 – l'année même de la mort de Jean Hunyadi – en devenant, formellement du moins, vassal à la couronne hongroise et au croissant ottoman.

2
Un règne fulgurant

À ses débuts, le règne de Vlad – qu'on n'appelle pas encore l'Empaleur – paraît comme écartelé. Entre Constantinople (devenue Istanbul) et Budapest, le navire valaque surnage péniblement, victime de sa situation géopolitique.

Le contexte et les circonstances historiques, subies par Vlad au début de son règne, exacerbent sans aucun doute sa cruauté naturelle, même s'il la justifie, par la suite, au nom d'impératifs politiques, voire, comme on le dirait aujourd'hui, au nom de la raison d'État.

Les boyards supportent mal, et depuis toujours, l'autorité du voïévode. Ils n'ignorent pas qu'il est hanté par la crainte de frondes intérieures ; de même est-il préoccupé par les menaces que représentent les puissances extérieures voisines, les unes se faisant, trop souvent d'ailleurs, les chevaux de Troie des autres.

Vlad noie donc dans le sang l'aube de son règne. Il le fait, certes, pour assouvir une vengeance contre ceux qui abandonnèrent son père dans la bataille qui lui fut fatale, et aussi pour punir ceux qui enterrèrent vivant son frère aîné ; mais il le fait également pour renforcer un trône fragile.

C'est dans les premières années de son règne que se situe le célèbre massacre des boyards invités par les soldats de Vlad, selon la tradition, au grand banquet de Pâques. Ceux qui en réchappèrent se retrouvèrent condamnés par lui aux travaux forcés à perpétuité, participant à la reconstruction d'une citadelle appelée parfois « le château de Dracula »...

Les boyards de la capitale d'alors (Tîrgoviste) étaient plus particulièrement visés par Vlad. Il les rendait responsables du sort cruel subi par son frère Mircea. Les procédés retenus pour les éliminer étaient fort divers. On dit que cinquante d'entre eux (cinq cents selon certaines sources) auraient été empalés pour avoir mal répondu à une question se rapportant au nombre de princes ayant déjà régné sur la Valachie. Dracula ne souhaitait voir citer que les seuls voïévodes appartenant à sa lignée. Les autres n'étaient pour lui qu'usurpateurs... soutenus par les boyards.

Dans un manuscrit allemand de cette époque, on peut lire :

> Dracula dit : « Dites-moi,
> comment se fait-il que vous ayez
> tant de voïévodes et de seigneurs
> dans votre pays ?
> La faute en est
> à vos honteuses discordes ! »
> Il prit tous les nobles, sans distinction,
> tous ensembles, jeunes et vieux,
> et les empala tous de force :
> ceux-ci étaient au nombre de cinq cents [1].

Selon certaines traditions, la cruauté légendaire de Dracula était de nature héréditaire. Sa mère, d'origine hongroise, aurait été de la souche apparentée aux Báthory, tout comme la célèbre et maléfique comtesse. Mais il va de soi que le contexte géopolitique dans lequel vécut Vlad l'Empaleur favorisa singulièrement cette tendance naturelle. Après tout, il n'avait pas inventé le pal, son instru-

1. Matei Cazacu, *L'Histoire du prince Dracula*, Librairie Droz, Genève, 1988.

ment de torture préféré. C'est son utilisation pour le moins trop fréquente qui lui valut son surnom.

Dès le début de son règne, Vlad conclut un traité d'alliance avec la Hongrie et la Transylvanie contre les Turcs. En affirmant sa fidélité au roi voisin, il accorda aussi un droit de commerce libre aux Saxons, notamment ceux de Sibiu et de Brasov, deux importantes villes commerçantes de Transylvanie. C'était une manière de s'assurer, en cas de danger, un droit d'asile dans ce pays, ainsi que le bannissement de tout éventuel prétendant au trône qu'il occupait.

Mais un tel traité n'était pas destiné à durer longtemps. Les conflits n'allaient pas tarder à éclater entre le seigneur valaque et les deux villes en question.

C'est ainsi que, vers l'automne 1456, un envoyé de la Sublime Porte demande à Vlad à la fois un tribut et un accès à la Transylvanie à travers son pays. Vlad en informe les habitants de Brasov en espérant leur soutien militaire afin de contrer les exigences turques. Mais les Saxons font la sourde oreille. Seul devant la menace ottomane et leur puissance, Vlad doit s'incliner.

Devenu, aux yeux de la Hongrie et de la Transylvanie, suspect d'allégeance envers le sultan, Vlad va voir son trône menacé par des prétendants abrités au-delà des Carpates. Les Saxons de Sibiu placent dans l'Amlas, ancien fief des voïévodes valaques, un certain Vlad le Moine ; ceux de Brasov soutiennent un certain Dan, autre rival en puissance ; et un troisième prétendant trouve asile au centre de la Transylvanie.

Les hostilités sont donc ouvertes, et bien plus encore lorsque les bourgeois de Sibiu et de Brasov se voient signifier l'abrogation de privilèges de douane concernant

Le supplice du pal

« Le supplice du pal ou empalement, un des plus horribles que la cruauté humaine ait inventés, consiste à embrocher le condamné avec une tige de bois dont on fait pénétrer la pointe par le fondement. Pour empaler, on couche le patient par terre sur le ventre, les jambes attachées de façon qu'elles soient très écartées, les mains liées derrière le dos, et, afin de l'empêcher de faire des mouvements qui gêneraient le bourreau dans l'accomplissement de ses fonctions, on lui endosse un bât d'âne sur lequel s'assied un des aides. Après avoir préalablement préparé les voies avec de la graisse, le bourreau saisit le pal des deux mains, l'enfonce aussi profondément qu'il peut le faire, puis, s'aidant d'un maillet, il le fait pénétrer d'environ cinquante à soixante centimètres. Ensuite le pal est dressé et planté en terre et le patient est abandonné à lui-même. N'ayant rien pour se retenir, le malheureux est entraîné sans cesse par le poids de son corps, ce qui fait pénétrer de plus en plus le pal, si bien que celui-ci finit par sortir soit par l'aisselle, soit par la poitrine, soit par le ventre.

La mort est loin de venir terminer promptement les souffrances atroces du supplicié. On cite des malheureux qui ont vécu jusqu'à trois jours dans cette position ; mais la rapidité de la mort est variable et dépend de la constitution de l'individu et surtout de la direction donnée au pal. Ce fait s'explique très facilement. En effet, par un raffinement de cruauté épouvantable, on a soin que la pointe du pal ne soit pas très aiguë, mais un peu arrondie ; s'il en était autrement, la pointe, transperçant tous les organes qui sont sur son passage, déterminerait très vite la mort. Mais la tige étant arrondie, au lieu de transpercer les organes, elle les refoule, les déplace et ne pénètre que dans les tissus lâches. Ainsi, les grands appareils vitaux n'étant que peu lésés, la vie peut s'entretenir encore pendant quelque temps, malgré les souffrances épouvantables que cause la compression des nerfs.

La direction donnée au pal influe aussi beaucoup sur la durée de la vie ; car il est bien évident que si, au lieu d'être enfoncé dans le sens de l'axe du corps, il pénètre un peu obliquement, au lieu de venir sortir par la poitrine ou l'aisselle, il ne fera que traverser l'abdomen ; alors, ne pénétrant pas dans la cavité thoracique, il ne peut léser les organes indispensables à la vie, et l'existence peut se prolonger beaucoup plus longtemps que dans le cas contraire. »

Le Grand Dictionnaire du XIXe *siècle.*

---

l'entrée de leurs marchandises dans la principauté valaque, alors qu'en revanche cette mesure favorise les intermédiaires roumains dans le commerce avec le Levant. Pour les deux grandes cités, le coup est rude. L'espace commercial commence à se restreindre. Et à la guerre économique s'ajoute soudain la guerre tout court qui, amplifiée par la légende, allait s'inscrire dans les chroniques.

Selon une chronique allemande en vers, c'est au début de ces hostilités que se situerait l'épisode dans lequel Dracula aurait tué des dizaines sinon des centaines de jeunes gens venus en son pays pour apprendre le roumain :

> Ils étaient quatre cents ou plus,
> qu'il mit à mort
> cet ignoble tyran.
> Il les fit tous brûler vifs,
> en disant : « Je ne veux pas
> qu'ils reçoivent ici des connaissances
> ou qu'ils espionnent mon pays [2]. »

Une fois, encore, Vlad l'Empaleur tente de justifier par une impitoyable « raison d'État » l'exécution cruelle d'étrangers, acte criminel qu'on ne peut dès lors attribuer au sadisme personnel. D'autres tyrans, par la suite, évoqueront le même genre d'excuses. Mais leurs répressions, sous forme de génocides ou d'holocaustes, seront d'une tout autre importance que les exactions de Dracula.

---

2. Matei Cazacu, *op. cit.*

Vlad prend donc ombrage de l'accueil réservé par ses voisins aux prétendants à son trône. De surcroît, il ambitionne de récupérer le fief traditionnel des Basarab, le pays d'Amlas. Ce pays couvre ce que l'on appelle « marginimea », la « marge » de Sibiu, dont Sàliste, sise au pied d'une citadelle dace, est aujourd'hui le centre historique.

Pour ces deux raisons – parmi d'autres – Vlad, dès le printemps de 1457, commence des incursions diverses qui vont devenir légendaires.

À l'époque, la situation de la Hongrie est assez trouble. La mort de Jean Hunyadi ayant déstabilisé le pays, commence alors un combat pour le trône. Mathias Corvin y accède en 1458. Le nouveau roi, pour remercier Vlad qui l'a soutenu, invite, par écrit, les citoyens de Sibiu à changer d'attitude envers son « fidèle ami ». Mais le mal est déjà fait : Vlad, l'année précédente, n'a pas épargné la grande cité ; il a brûlé de nombreux villages, empalé de nombreuses gens. La légende noire du voïévode s'est répandue, transmise en particulier par des récits rédigés en allemand.

Durant les années 1459 et 1460, les percées guerrières de Vlad en Transylvanie deviennent de plus en plus nombreuses. Au printemps de 1459, il arrive devant la cité de Brasov et pille l'église Saint-Bartholomée avant d'incendier un grand faubourg de la ville, empalant vivant quiconque avait la malchance de lui tomber sous la main.

On représente volontiers Dracula festoyant avec appétit au milieu des victimes de ses massacres. Ainsi des narrations russes de ce genre de festin y vont de leurs précisions et rapportent qu'un boyard au nez trop sensible se serait plaint de la puanteur des cadavres lors de ces agapes. Vlad aurait alors donné l'ordre d'empaler à son tour le trop délicat personnage, mais sur un pal de dimension supérieure afin qu'il échappât aux effluves dont il se plaignait.

L'accession au trône de Mathias Corvin n'a pas, par ailleurs, mis fin aux troubles qui agitent la Hongrie. Il faut en rappeler ici les données et les suites avant d'en revenir aux affaires mêmes de Dracula.

À l'époque, la couronne de Saint-Étienne se trouve aux mains de l'empereur Frédéric III régnant sur le Saint Empire romain d'origine germanique. Or, sans cette couronne, de haute valeur symbolique, Mathias n'est pas encore un roi oint, c'est-à-dire sacralisé par la coutume.

Le danger est qu'autour de Mathias, certains magnats, de grands féodaux hongrois, soutiennent les prétentions de l'empereur sur cette couronne. Dans ce contexte, Mathias pratique envers l'Empire turc, comme envers son voisin Vlad l'Empaleur, une politique en dents de scie. Son principal objectif est de mettre la main sur la couronne et de se faire reconnaître roi de Hongrie par l'empereur avant que ne commence la croisade contre les Turcs, prônée par le pape, afin de bannir les Ottomans d'Europe.

Malgré cela, Mathias rompt de temps à autre une lance contre les Turcs, ne serait-ce que pour obtenir les bonnes grâces du pape, Aeneas Silvius Picolomini (Pie II), élu en 1458, et célèbre humaniste avant la lettre. Il inflige même une défaite mémorable à l'armée turque, alors qu'elle se trouve dirigée par le grand vizir en personne, dans la défense de Belgrade et ce qui reste encore du despotat de Serbie. Certains historiens prétendent même que Vlad l'Empaleur l'aurait aidé dans ses différents combats de ces temps-là...

Mais Mathias n'exploite pas sa victoire. Las de la tutelle de son oncle (fervent partisan de la croisade) qui l'exhorte à poursuivre au-delà de Belgrade, il ordonne au contraire l'arrêt des hostilités et s'en retourne en son pays.

Sans doute craignait-il d'être pris entre deux feux : le sultan turc et l'empereur chrétien. De fait, en 1459, des magnats hongrois n'hésitent pas à proposer la couronne de

Hongrie à l'empereur Frédéric III. Les descendants de celui-ci s'en empareront effectivement en 1527. Les Habsbourg allaient s'y maintenir durant presque quatre cents ans, jusqu'à la fin de la Première Guerre mondiale, en 1918.

Mais, en attendant, et en dépit des appels du pape pour la paix entre les chrétiens et la poursuite de la croisade anti-ottomane (qui devait culminer avec la bulle pontificale de janvier 1460 officialisant la croisade), l'empereur Frédéric III et Mathias Corvin se neutralisent réciproquement dans leur combat pour la couronne de Hongrie. Au moins jusqu'en 1462 où intervient un arrangement entre les parties adverses qui aboutit au rachat, contre monnaie sonnante et trébuchante, de la couronne de Saint-Étienne, en 1463. Le couronnement officiel de Mathias Ier, roi de Hongrie, eut lieu en 1464...

Entre-temps, en 1460, un prétendant nommé Dan, de la même famille que Vlad l'Empaleur, se lance, avec l'accord tacite sinon la bienveillance de Mathias et l'aide des villes frontalières saxonnes, dans une expédition en Valachie. Il prétend apporter sur un plateau d'argent la tête et le trône de Dracula. Mal lui en prend. Vaincu par l'Empaleur, il est condamné à écouter sa propre oraison funèbre et les cantiques des morts devant son tombeau ouvert. Puis il est décapité et jeté en fosse. Selon une autre tradition, il aurait été enterré vivant[3].

Ces tentatives poussent l'Empaleur à se lancer dans des représailles sanglantes. Il attaque les possessions saxonnes de Transylvanie, et notamment la cité de Brasov qu'il aborde à la tête de son armée après avoir tout brûlé sur son

3. Dans un drame historique en trois actes (écrit pendant mon adolescence) intitulé *Vlad Tepes* (Vlad l'Empaleur), j'ai opté pour la tradition qui parle de l'enterrement vivant du prétendant au trône, Dan Basarab.

passage. Des récits légendaires racontent qu'il empala, selon la coutume, d'innombrables prisonniers et s'offrit un banquet en contemplant avec plaisir les affreuses tortures qu'on leur infligeait.

Après l'automne 1460, il semble que les expéditions punitives aient cessé. Il était temps : les combats avec le sultan recommençaient...

3

La politique interne du voïévode

Nous avons déjà passé en revue quelques-uns des actes répressifs du voïévode perpétrés à l'intérieur même de la Valachie. Les différents récits et versions de la vie de Dracula (notamment les variantes conservées en allemand ou en russe) apportent des précisions et éclairent la psychologie enténébrée, mais non dénuée de logique, du sombre prince.

Un de ses premiers actes de guerre contre les cités saxonnes de Transylvanie se traduisit, nous l'avons vu, par la mort d'adolescents brûlés vifs. Ils étaient offerts en holocauste non seulement au dieu de la Guerre (en tant qu'espions éventuels), mais aussi, et surtout, au dieu du Négoce. Il s'agissait, pour Vlad l'Empaleur, d'empêcher les cités marchandes d'au-delà des Carpates d'ouvrir des comptoirs lucratifs en Valachie.

En d'autres mots, de tels actes de terreur, s'ils prouvaient la cruauté maladive de l'Empaleur, représentaient aussi, par leurs effets, des mesures protectionnistes en faveur du commerce valaque de l'époque...

La même raison d'État demandait que les cités et les routes soient plus sûres. Il s'agissait d'assurer l'ordre nécessaire à l'échange commercial. D'aucuns, à ce titre, ont semblé admettre le sort réservé par l'Empaleur aux pauvres sans occupation (les chômeurs d'alors), aux mendiants, aux invalides, aux aveugles, aux boiteux et autres handicapés physiques ou psychiques. Il s'agissait, à leurs yeux, en les supprimant, de faire œuvre d'équarrissage public.

À tous ces clochards d'alors, Vlad l'Empaleur tendit un piège. À cor et à cri il les fit inviter par ses hérauts à un grand banquet offert en aumône, dans de grandes salles en bois aménagées pour eux. Une fois rassasiée, cette populace, dont Dracula décrétait qu'elle ne valait rien, fut brûlée vive par un incendie déclenché sur ses ordres.

Avec les nomades tsiganes, Vlad l'Empaleur ne se montra guère plus miséricordieux. Un récit allemand de l'époque rapporte que trois cents Tsiganes, rentrés en Valachie, furent forcés de manger trois d'entre eux, des notables préalablement rôtis, et se virent ensuite menacés de s'entre-dévorer jusqu'à ce qu'il n'en reste aucun.

Toutefois, pour leur offrir une alternative Vlad dispensait de cannibalisme ceux qui acceptaient de se battre contre l'envahisseur turc. Accord fait, ces survivants furent revêtus, eux et leurs chevaux, de peaux de vaches. Ainsi accoutrés, ils furent lâchés contre l'armée turque. Surprises par ce spectacle insolite et l'odeur nauséabonde que les peaux dégageaient, les montures des Turcs s'affolèrent, mettant bas leurs cavaliers.

Le récit ne dit pas ce qu'il advint des Tsiganes victorieux. Furent-ils récompensés ou empalés ?

Ces exemples montrent que Dracula massacrait quiconque, sans aucune distinction de race ou de classe. Même un lien de famille n'était pas une garantie d'échapper à sa vindicte. Son cousin, le prétendant Dan Basarab, en sut quelque chose. Bien qu'appartenant à la dynastie régnante, il fut quand même enterré vivant...

Si privilège il y eut parfois, dont des gens haut placés dans la hiérarchie sociale purent bénéficier, ce fut d'être empalés sur des pals plus longs que ceux réservés au commun des mortels...

En particulier, les boyards apparentés aux Basarab (du fait même qu'ils pouvaient prétendre au trône du pays) se trouvaient en constant danger de mort.

Ce qui arriva au boyard Albu le Grand, qui osa résister à Vlad l'Empaleur, est révélateur : tous les gens de sa maison furent exterminés, de l'enfant encore au sein de sa mère jusqu'au vieillard. Vlad les fit empaler dans les positions les plus diverses.

De telles scènes semèrent l'effroi et décidèrent, par exemple, la famille humaniste de Nicolas Olahus (plus tard archevêque et primat de Hongrie) à passer les Carpates vers la Transylvanie, afin de s'épargner un tel sort.

Les récits russes, plus favorables à Vlad l'Empaleur que les saxons-allemands (qui ressemblent parfois à des œuvres de vengeance), devaient inspirer quelques idées à Ivan le Terrible. Ainsi, dans la variante slave, l'holocauste où périssent infirmes et misérables est justifié par Dracula lui-même comme une délivrance : « Sachez que j'ai fait cela d'abord pour qu'ils ne soient un fardeau pour les autres et que personne ne soit pauvre dans mon pays, et que tous soient riches. Ensuite parce que j'ai voulu les délivrer, afin qu'aucun d'eux ne souffre en ce monde de pauvreté ou de n'importe quelle infirmité [1]... »

Dans l'idée, déjà soulignée, de favoriser le commerce de Valachie en retirant les privilèges dont jouissaient les cités saxonnes de Transylvanie et en assurant une plus grande sécurité des villes et des routes, Vlad faisait preuve (disent certains récits en langue russe) d'une justice impitoyable envers les brigands, les voleurs, les menteurs, qu'ils soient grands boyards, gens du peuple ou membres du clergé.

1. Matei Cazacu, *op. cit.*

La peur inspirée par le terrible voïévode était si grande qu'on raconte qu'il put laisser une coupe d'or ciselée auprès d'une fontaine, au carrefour d'un grand chemin, sans que personne ne s'avisât de la voler.

Dans le même ordre d'idées, Dracula exigea un jour d'un marchand de Transylvanie qui séjournait dans sa capitale de laisser toute sa richesse dans son chariot, la nuit, en pleine rue, et d'aller dormir en son auberge. Le matin, le négociant, constatant qu'il lui manquait cent soixante ducats d'or, se rendit à la cour de Dracula, pour lui demander justice. Imperturbable, le voïévode lui rétorqua qu'il retrouverait l'or volé. Puis il donna deux ordres : qu'on arrête coûte que coûte le voleur, sinon il mettait le feu à la ville, et qu'on dépose, la nuit suivante, cent soixante et un ducats d'or dans le chariot de l'étranger.

Au réveil, celui-ci écarquilla les yeux en retrouvant son bien et alla chez Dracula pour lui rendre compte de ce miracle, précisant par ailleurs qu'il avait vu son magot augmenté d'un ducat. Dans le même temps, on amenait chez Dracula le voleur. Vlad le condamna aussitôt au supplice du pal puis avisa le commerçant que son sort aurait été le même s'il n'avait pas mentionné la pièce d'or découverte de surcroît.

Dracula ne se contentait pas seulement de mettre de l'ordre dans la vie publique. Il se mêlait également de la vie privée de ses sujets. Une femme adultère, une veuve infidèle, ou une fille qui perdait sa virginité encouraient des tortures indicibles. On coupait tout d'abord les parties du corps par lesquelles ces femmes avaient péché, après les avoir écorchées vives. Puis leur peau était suspendue à un pilier d'infamie au milieu du marché de la ville. En d'autres cas, Dracula ordonnait qu'on leur écorche le sexe (instrument de péché) et qu'on y implante un tisonnier rougi au feu qui devait ressortir par la bouche. Transpercées de cette manière, les femmes « coupables » restaient, attachées à des piliers, complètement nues, jusqu'à putréfaction.

La paresse, elle non plus, ne trouvait aucune grâce aux yeux de l'Empaleur. Les récits célébrant sa vie (si l'on peut s'exprimer ainsi) gardent la trace de châtiments exemplaires envers l'indolence.

Des textes anciens racontent qu'au cours d'un de ses voyages à travers le pays, le voïévode aperçut dans un champ un paysan qui portait une chemise trop courte et en fort mauvais état. Il interrogea le pauvre hère, lui demandant s'il était marié. C'était le cas. Il voulut alors savoir s'il avait semé du lin et s'il en possédait. La réponse étant affirmative, le prince convoqua l'épouse et lui fit remarquer que son mari avait fait son devoir (semer, labourer, nourrir sa maison) alors qu'elle n'avait pas fait le sien. En conséquence, il la condamna à avoir les mains coupées puis à être empalée.

Convaincu de la justice de ses châtiments et de son droit de vie et de mort de prince régnant, Vlad l'Empaleur s'insurgeait volontiers contre ceux qui le sermonnaient.

Un récit russe raconte l'accueil réservé à sa cour à deux moines catholiques arrivés de Hongrie. L'un d'eux, montrant la forêt de pals entourant la résidence du prince, se permit de lui rappeler qu'il convenait à un seigneur comme lui de montrer plus de miséricorde, ajoutant qu'il faisait de ses victimes des martyrs. Rendu furieux par cette remarque, le prince condamna illico le moine audacieux au supplice du pal. Le second moine, invité à s'exprimer à son tour, répondit (sagesse ou lâcheté) qu'un prince est oint par Dieu pour punir les méchants et récompenser les hommes de bien. Les empalés n'ont donc, pour prix de leurs méfaits, que ce qui leur est dû. Vlad, ravi par la réponse, lui offrit cinquante ducats d'or et le laissa partir avec tous les honneurs de sa cour.

Voilà qui témoigne de la tendance naturelle de tout monarque absolu à garder le prestige de ses prérogatives en confirmant avant la lettre le dicton célèbre : « Le pouvoir absolu corrompt absolument. »

Dans l'exercice de ce pouvoir, Vlad l'Empaleur, dit-on, ne manquait pas d'humour, en particulier d'humour noir. Tout dépendait de l'agilité cérébrale et du sens de la répartie de ses interlocuteurs.

Un jour, l'ambassadeur du roi Mathias Ier de Hongrie se trouve à sa table. Comme à l'ordinaire, cela se passe au milieu de cadavres empalés, tandis que, devant eux, étincelle un énorme pal doré. Au cours du repas, le prince sollicite l'avis de l'ambassadeur sur l'utilisation supposée dudit pal. Le diplomate suggère que sa dimension le destine à un criminel de haut rang. Le prince confirme en précisant qu'en fait il est destiné à son interlocuteur, en tant que grand ambassadeur d'un grand roi. L'autre, sans perdre contenance, dit se fier à l'impartialité du prince : s'il a commis un quelconque crime digne d'un tel châtiment, alors, lui seul, l'envoyé du roi, serait coupable de sa propre mort. La réponse plut à Vlad, qui daigna en rire et couvrit son interlocuteur d'honneurs et de cadeaux, l'ambassadeur d'un grand souverain étant, selon le sombre prince, celui qui savait parler avec bon sens à un autre grand souverain.

Tous les envoyés à la cour du prince ne s'en tiraient, hélas, pas toujours aussi bien. Vlad, au-delà d'un cruel caprice, trouvait, par ses agissements autoritaires, le moyen d'imposer, à tout prix, au niveau des grands de ce monde, sa petite principauté.

Les récits allemands (plus malveillants pour le voïévode dont la réputation hantait une partie de la Transylvanie mise à feu et à sang) proposent des anecdotes ignorées des textes russes. Le prince valaque y apparaît d'une cruauté folle, dépassant celle des tyrans les plus célèbres de l'histoire. Il est vrai qu'on ne prête qu'aux riches...

Ce qui fut dit sur l'Empaleur

« Dracula fit empaler des marchands et autres gens au nombre de six cents, venus du Burtzenland et qui se dirigeaient vers le Danube, vers Brâila, chargés de marchandises dont il s'empara. »

« Il fit fabriquer un grand chaudron, clos à son sommet par des planches assemblées mais pourvu de trous à la dimension d'une tête humaine. Puis, dans le chaudron rempli d'eau et y ayant fait mettre des gens dont seules sortaient les têtes, il fit allumer un grand feu et laissa les malheureux crier jusqu'à ce qu'ils fussent bouillis. »

« Et puis, il revint en Siebenbürgen, à Tâlmaci. Là, il fit hacher des gens comme du choux, et ceux qu'il ramena prisonniers en Valachie il les fit empaler cruellement et de toutes sortes de façons. »

« Il imagina des tortures effrayantes, affreuses et indicibles. Il fit empaler ensemble des mères et leurs enfants, nourrissons et enfants d'un an ou deux ou plus. Il arracha des bébés au sein de leur mère et des mères à leurs enfants. Il trancha ainsi les seins des mères et y enfonça les enfants par la tête, puis les empala et infligea aussi bien d'autres supplices. Même les tyrans et les tortionnaires, tels Hérode, Néron et Dioclétien, qui martyrisèrent les chrétiens, n'ont jamais imaginé de semblables tortures et causé tant de douleurs. »

« Il fit embrocher pêle-mêle toutes sortes de gens, jeunes et vieux, femmes et hommes, païens, juifs, chrétiens, hérétiques et Valaques. Dans leur situation cruelle, ils pouvaient bouger mains et pieds, se tordre et gesticuler comme des grenouilles. Ensuite, il leur fit percer les mains et les pieds. Il leur disait : "Oh, grande est la justice qui vous est faite !" Ainsi prenait-il son plaisir. »

« Il fit arrêter un Tsigane qui avait volé. Alors vinrent d'autres Tsiganes qui prièrent Dracula de leur rendre le prisonnier. Il leur dit : "Il doit être pendu et c'est vous-même qui devez le pendre." Ils répondirent : "Ce n'est pas notre loi." Alors Dracula fit bouillir le Tsigane dans un chaudron et, quand il fut bien cuit, ses compagnons durent le manger jusqu'à l'os. »

Chroniques allemandes, 1463-1488.

L'un de ces récits précise qu'un jour Vlad l'Empaleur avait fait décapiter quelques boyards qu'il venait de tuer, afin d'utiliser leurs têtes comme appâts pour les écrevisses. Puis il avait donné à manger ces écrevisses aux parents et amis des victimes qui, ainsi, se régalaient de crustacés nourris des têtes de leurs proches. En fin de banquet, le prince aurait avoué sa ruse gastronomique avant de faire empaler ses invités.

La légende ne dit pas si les têtes de ces nouvelles victimes avaient également servi d'appâts pour des écrevisses, afin de continuer cette chaîne alimentaire d'un cycle infernal *sui generis*...

Même à l'égard de ses plus proches compagnons, Dracula ne montrait aucune faiblesse. Hypocrisie et mensonges étaient insupportables à ce cœur pourtant endurci.

Un récit évoque le cas d'une concubine qui, pour rehausser son prestige aux yeux du prince, aurait prétendu être enceinte de lui. Nous avons déjà souligné qu'en Valachie, n'importe quel fils naturel pouvait revendiquer le droit de régner sur le pays. Une telle nouvelle pouvait donc se révéler fort importante.

Mais Dracula était d'un naturel méfiant. Il fit donc examiner l'état de la jeune femme par une sage-femme. Comme il s'y attendait, celle-ci n'était nullement enceinte. En punition pour ce mensonge, Dracula saisit son épée et éventra lui-même sa concubine.

Le règne de Dracula peut-il être compris par la seule équation personnelle maladive du « Domn » valaque ? On ne peut lui dénier un sadisme à certains égards exemplaire. Mais tous ses comportements cruels ne peuvent s'expliquer par cette seule aberration mentale.

Car il lui arrivait de donner une raison aux punitions

qu'il infligeait et d'en justifier la cruauté. De là vient sans doute une tradition roumaine selon laquelle le voïévode, tout cruel qu'il fût, se montrait par ailleurs juge impartial et prince d'une bravoure et d'un courage exceptionnels, en particulier dans ses combats contre les envahisseurs turcs.

Sans doute le portrait véritable de l'Empaleur se trouve-t-il à mi-chemin entre la raison d'État exacerbée (qui dégénère presque partout en terrorisme d'État) et le mythe du vampire, nourri par le sang versé.

4

Les combats contre l'envahisseur ottoman

Les escarmouches entre l'armée de l'Empaleur et les Turcs commencèrent à partir de 1458 et culminèrent en 1462 pour se transformer en une véritable guerre. Celle-ci permit d'affirmer la bravoure de Vlad et de ses Valaques. Mais elle marqua également la fin de son règne.

Après la chute de Constantinople, l'Empire ottoman en expansion menace le monde balkanique et, au-delà, l'espace des principautés roumaines (la Valachie, la Moldavie, la Transylvanie) puis la Hongrie, ainsi que l'Empire romain d'origine germanique – en fait une bonne partie de l'Europe chrétienne.

Dans une telle situation de guerre entre la Croix et le Croissant, la principauté de Vlad l'Empaleur, selon les paroles de l'historien roumain Iorga, « se trouvait en première ligne de l'histoire ». C'était bien regrettable pour ce petit pays : il se trouvait ainsi en première ligne de feu et victime constante des attaques répétées des envahisseurs ottomans.

Mathias Corvin, roi de Hongrie depuis 1458, était empêtré dans des combats ou des tractations avec la cour impériale qui l'empêchaient d'endiguer la vague triomphante des Turcs. Ainsi Mehmet II, le conquérant de Constantinople, put-il occuper successivement, entre 1458 et 1460, la Serbie et la Morée, ce qui fit de la Valachie l'épicentre des combats.

Selon le témoignage d'un chrétien anonyme de l'époque, Mehmet II, après avoir décidé de passer en Morée pour s'emparer de Corinthe, envoya vers le Danube, en 1458, une armée de trente mille Turcs. Cette armée, dirigée par un rénégat grec, le vizir Machmoud, dont l'objectif était d'empêcher d'éventuelles réactions de la part de la Hongrie et de la Valachie, parvint à s'emparer d'une citadelle valaque, faisant cinq mille prisonniers. Mais Dracula retourna la situation. Avec cinq mille soldats il surprit les Turcs au moment où ils passaient le Danube, les taillant en pièces ou les noyant dans le fleuve. Seuls huit mille Ottomans purent s'échapper en fuyant vers Sofia avec l'Empaleur aux trousses.

Dans les Balkans, l'affolement fut grand. Alerté par le désastre, Mehmet II revint en hâte de Corinthe pour rejoindre sa capitale.

« Je me trouvais à Constantinople, rapporte ce témoin anonyme. La ville, comme celle de Péra, se trouvait vide de Turcs, enfuis sur l'autre rive de l'Anatolie. S'il y avait eu dix galères des nôtres [l'écrivain est vénitien], nous aurions regagné Péra et Constantinople en un moment. Or, Dieu n'a pas permis pour nos péchés que les chrétiens aient tant de gloire[1]. »

Guerre d'escarmouches

Au début de la campagne de 1462 se situe l'épisode célèbre des ambassadeurs du sultan venus réclamer tribut à Vlad (sans l'obtenir). Mais les envoyés du Grand Turc avaient également exigé ce qu'on appelait « le tribut du sang », c'est-à-dire la livraison annuelle de cinq cents enfants destinés à devenir des janissaires turcs, troupes

1. Citation selon N. Iorga, *op. cit.*, vol. III.

d'élites entraînées depuis leur plus jeune âge à la guerre, et pouvant, dès lors, devenir très dangereux pour les chrétiens.

Ces harkis avant la lettre étaient d'autant plus acharnés au combat qu'ils n'avaient plus d'attaches familiales. L'armée devenait leur seule famille et canalisait leur agressivité exacerbée par une mise en condition psychologique et idéologique très poussée. Ces renégats malgré eux subissaient un véritable endoctrinement musulman parallèle à leur instruction militaire.

Vlad, qui aimait parfois dissimuler pour mieux surprendre ensuite, reçut en grande pompe les envoyés du Grand Turc. Il acquiesça volontiers à toutes leurs demandes. Puis il annonça, avec une feinte humilité, qu'il souhaitait se rendre personnellement à la cour du sultan afin de lui payer tribut et se mettre à ses ordres. Les récits qui relatent cet épisode précisent qu'il demanda qu'on lui ouvrit, à cette fin, à lui et ses hommes, un passage jusqu'à la capitale du Grand Turc.

Le sultan, très occupé à l'époque par ses guerres en Asie, accepta l'offre et donna des ordres en conséquence. L'Empaleur fit donc route avec son armée vers Constantinople. Après cinq jours de voyage, il changea de tactique. Le naturel revenant au grand galop, il se mit à piller et incendier villes et villages, et à empaler tout musulman rencontré sur son passage. Quant aux chrétiens, il les fit revenir en son pays comme gage et vivante mémoire de sa victoire.

Différents récits de la vie de Dracula, russes en particulier, rapportent l'accueil particulier qu'il réserva un jour aux envoyés du Grand Turc.

Ceux-ci s'étaient inclinés devant le trône de Vlad, mais sans se découvrir. Vlad s'était enquis des raisons d'un tel affront. Les Turcs avaient répondu qu'ils ne faisaient qu'obéir aux coutumes de leur pays où l'on demeurait avec son fez ou son turban sur la tête. Avec son sadisme habituel, l'Empaleur prit leur remarque au pied de la lettre : il leur fit clouer leur coiffure sur le crâne pour raffermir à jamais ces hommes dans leur tradition.

C'est également durant cette période trouble, située entre guerre et paix, que se situe l'épisode célèbre où les Turcs tentèrent de s'emparer, par la ruse, de la personne même de Dracula. Ils avaient convaincu un renégat grec devenu proche du sultan, un certain Catabolinos, de prendre langue avec des fidèles de Vlad pour obtenir de lui qu'il résolve, en personne, un litige de frontière turco-roumain. Sans apparente arrière-pensée, l'Empaleur accepta l'endroit et l'heure proposés, ainsi que les modalités de la rencontre. On l'avait invité à ne se faire accompagner que d'une garde réduite. Mais, méfiant comme à son habitude, ou flairant un piège, il s'était fait suivre en secret par une armée fidèle. Celle-ci jaillit au bon moment lorsque Catabolinos, flanqué de son ami Hamza Pacha et d'une garde nombreuse, essayait de s'emparer du voïévode.

Tombés prisonniers, les deux félons subirent le supplice du pal, des pals de grande dimension, suprême honneur de guerre qui les mettait au-dessus de leurs soldats embrochés sur des pals plus petits.

C'est après cette dernière escarmouche que devait survenir le combat décisif. En effet, le sultan lui-même avait décidé de prendre la tête d'une armée dont l'objectif était d'en finir avec les velléités d'indépendance valaque en écrasant son chef, obstacle entre son empire et le reste de l'Europe chrétienne (une Europe inconsciente de l'imminence du danger, malgré les avertissements répétés d'un pape angoissé par l'invasion musulmane).

Dracula se retrouva donc seul devant cette invasion. Malgré ses promesses répétées de soutien, Mathias Corvin, roi de Hongrie, ne se hâtait que lentement à lui apporter son aide. On peut supposer que la légende noire de Dracula, exploitée par les grandes cités saxonnes de Transylvanie, ne l'incitait guère à soutenir son turbulent voisin.

L'espoir, pour Dracula, pouvait venir de Moldavie, l'autre principauté roumaine. On sait que son prince régnant, Étienne le Grand, était un cousin de Vlad, lequel l'avait aidé à monter sur le trône de son père en 1457 en chassant un usurpateur. Vlad, à présent, espérait sa reconnaissance. Mais la raison d'État se veut souvent étrangère à la reconnaissance personnelle. En définitive, Étienne le Grand prit les armes contre son cousin et fit le siège de la ville frontière de Chilia. Mais Dracula engagea le combat à son bénéfice et le prince moldave dut battre en retraite. Il le fit avec une blessure au pied qui ne devait jamais guérir jusqu'à sa mort en 1504. D'aucuns interprétèrent ce mal comme une malédiction. Ce n'était, peut-être, qu'une conséquence du diabète, un mal inconnu à l'époque.

Dracula était donc obligé de se garder de tous côtés. Devant le danger de voir la Valachie gouvernée directement par un pacha turc, comme tant d'autres pays voisins des Balkans, il dut se résigner à un combat désespéré.

L'invasion de Mehmet II en Valachie

Dans une lettre adressée à Mathias Corvin, datée du 11 février 1462, Vlad l'Empaleur décrit la prise de la forteresse de Giurgiu. Il raconte qu'il déguisa ses soldats en guerriers turcs accompagnant des prisonniers, abusa la vigilance des gardiens de la forteresse, pénétra dans celle-ci et y mit le feu.

Cette lettre décrit également, pour la gouverne du roi Mathias, la campagne militaire de l'hiver 1462. Vlad passa à l'action contre les Turcs, au-delà du Danube, sur les rives appartenant à l'Empire ottoman, massacrant et brûlant Turcs et Bulgares. Selon ses propres dires, il aurait coupé, durant cette campagne, quelque 23 884 têtes. Cette macabre statistique était sans doute destinée à impressionner le roi de Hongrie afin de lui soutirer une aide militaire contre « les infidèles et les ennemis de la Croix du Christ ». Par ailleurs, ce massacre était également destiné à effrayer le sultan et à le dissuader de s'attaquer à la Valachie.

Les émissaires de Vlad sillonnèrent l'Europe, de Rome à Venise, de la Pologne à la Moldavie de son cousin Étienne le Grand, afin de solliciter de l'aide. Mais tout le monde fit la sourde oreille. Seul le pape proposa une aide financière qui, en fait, fut encaissée... par le roi Mathias !

Mehmet II décida donc de partir de Constantinople vers la frontière valaque, avec l'une des plus grandes armées levées depuis la chute de Constantinople. Selon certaines sources, on parle de soixante à cent mille hommes ; d'autres avancent le chiffre de trois millions de soldats. En face, l'Empaleur ne pouvait qu'opposer une armée de vingt mille à trente mille hommes. En compensation, il avait pour lui son courage et sa connaissance du terrain.

L'armée ottomane se divisa en deux. Une partie embarqua sur des navires qui empruntèrent le Danube ; l'autre se dirigea par voie de terre à travers la Bulgarie.

Malgré les difficultés rencontrées, en particulier par les soldats turcs arrivant par le Danube et accueillis par des pluies de flèches, la supériorité numérique des Ottomans devait leur permettre de traverser le fleuve. Le 4 juin 1462, durant la nuit, ils réussirent à déposer les premiers janissaires sur la rive valaque, tandis que les canons, de l'autre côté du fleuve, pilonnaient l'armée de l'Empaleur. Parmi les troupes turques se trouvaient le frère et néanmoins ennemi de Vlad, Radu le Bel, et quelques milliers de chevaliers valaques.

Utilisant la tactique de la terre brûlée, et empoisonnant

l'eau des fontaines, Dracula se retira vers l'intérieur des forêts en adoptant des méthodes que l'on pourrait, de nos jours, qualifier de guérilla.

Une de ses plus célèbres actions de ce temps-là (racontée par les récits russes et également par le chroniqueur byzantin Chalkokondylas) fut l'attaque, pendant la nuit, du camp de l'armée ottomane avec l'intention de tuer le sultan et de démoraliser ainsi l'ennemi. Cela faillit réussir. Mais la tente d'un pacha fut confondue avec celle du sultan. Celui-ci en réchappa et organisa la résistance efficace, compte tenu de la supériorité numérique des Ottomans.

De retour dans son fief, Dracula fit ses comptes. Il inspecta lui-même les blessures de ses soldats. Ceux blessés de face furent armés chevaliers. Ceux qui avaient eu le malheur d'être blessés dans le dos furent raillés, traités de femmes peureuses et finalement empalés. Dracula avait d'ailleurs annoncé, avant de partir au combat, qu'il ne souhaitait s'entourer que d'hommes aguerris et que ceux qui craignaient la mort devaient rester où ils étaient.

Les traditions roumaines relatives à cette époque font état de nombreuses attaques ponctuelles de l'armée de Vlad contre les Ottomans, ainsi que d'actes de bravoure isolés dus à des hommes et même des femmes décidés à venger un parent mort à la bataille. Mais cette résistance acharnée n'empêcha pas le sultan et l'armée turque de parvenir devant Tîrgoviste, la capitale valaque. Ils y découvrirent le spectacle terrible d'innombrales empalés, certains morts depuis longtemps, dressés comme des épouvantails veillant un champ macabre.

Sans s'attarder dans la capitale, les Ottomans se mirent à traquer Dracula et les hommes qui lui restaient fidèles. La plupart des boyards étaient passés dans le camp de Radu le Bel, frère ennemi de Vlad et favori du sultan.

Assiégé un instant dans la forteresse de Poienari (bâtie par les travaux forcés des boyards cueillis lors d'un banquet de Pâques), l'Empaleur, selon la tradition populaire, dut la vie sauve à un avertissement nocturne. Un fidèle du voïévode, se trouvant parmi les assaillants turcs de la citadelle, trouva le moyen de prévenir Vlad du danger qui le guettait : il fixa un message au bout d'une flèche qu'il tira à travers la fenêtre illuminée de la tour où se trouvait la chambre de Dracula. La chandelle fut éteinte par la flèche, mais l'épouse de Dracula la ralluma pour lire le message. Ce qu'elle y lut la mit au désespoir et elle se jeta du haut de la tour dans la rivière pour ne pas tomber vivante aux mains des Turcs. Le voïévode, lui, s'enfuit avec quelques fidèles par un souterrain après avoir ferré les chevaux à l'envers afin de dérouter ses poursuivants.

Dracula et sa petite bande réussirent la performance de passer les Carpates par des sentiers de montagne fort difficiles. Ils se réfugièrent auprès de Mathias Corvin qui avait daigné, enfin, descendre à Brasov, donc à la frontière de la Valachie...

5
Vae Victis : malheur aux vaincus

Laissant Radu le Bel et une partie de ses troupes sur le Danube, le sultan repartit pour Constantinople. Radu, de son côté, avec l'aide de boyards effrayés par son frère, réussit à monter sur le trône de Valachie. Dracula, prince sans royaume, se retrouva ainsi sans défense aux mains de son cousin et supposé ami, le roi de Hongrie.

Mathias Corvin se trouvait donc à la frontière à Brasov afin d'aider Vlad dans sa croisade anti-ottomane. Le pape l'avait rémunéré à cet effet. Mais, après quelques semaines de palabres quant à la stratégie à adopter contre l'ennemi commun, Mathias fit arrêter Vlad. Ce fut un condottiere entré à son service, Ian Giskra, qui s'en chargea durant une mission de reconnaissance vers la Valachie. Vlad fut emmené à Brasov, puis à Buda où il devait moisir dans une forteresse durant quelque douze années.

Le motif de cette disgrâce (ou son prétexte) fut la lettre dite de Rothel, datée du 7 novembre 1462, et découverte par les Saxons de Brasov dans le bâton creux d'un émissaire de Vlad et qui, signée par lui et adressée au sultan, prouvait sa trahison envers Mathias Corvin et toute la chrétienté.

La lettre incriminée (il y en aurait eu plusieurs selon les accusateurs) ne semble pas, si on examine la seule copie latine connue par le commentaire du pape Pie II, émaner de Dracula lui-même. D'ailleurs, les historiens roumains la considèrent comme un faux, confectionné dans le seul but de compromettre le voïévode et de justifier son arrestation.

Cette lettre, discutée et discutable, montre un Dracula d'une obséquiosité extrême envers le sultan. Il le traite d'« Empereur des Empereurs » de « Seigneur des Seigneurs se trouvant sous le soleil ». Il lui demande aussi pardon pour la faute et le péché de l'avoir combattu. Enfin, il lui offre, pour se racheter, de lui ouvrir subrepticement la voie vers la conquête de la Transylvanie et de la Hongrie, et de faire tomber entre ses mains le roi Mathias de Hongrie.

Les historiens roumains considèrent cette lettre comme fabriquée de toutes pièces par les Saxons de Brasov pour se venger des terribles incursions de l'Empaleur dans leur région. Le roi de Hongrie aurait donc été trompé par les bourgeois de cette cité.

Une autre interprétation, relatée dans des livres récents [1], tend à imputer cette machination diabolique au roi de Hongrie lui-même, lequel aurait également encouragé la diffusion de chroniques et pamphlets visant Dracula. Mathias avait intérêt à faire de Dracula un bouc émissaire pour justifier son inaction face aux Turcs et le détournement de l'argent que lui avait remis le pape pour aider Dracula. Soucieux d'éviter un choc direct avec l'Empire ottoman, la « trahison » de Dracula lui servait à justifier sa conduite incertaine.

À ces deux hypothèses selon lesquelles la fameuse lettre serait fausse, s'ajoute une troisième : Vlad l'Empaleur aurait écrit lui-même le message pour tromper la vigilance

1. Radu Florescu et Raymond T. Mac Nally, *Dracula, a Biography of Vlad the Impaler, 1431-1476*, Hawthorn Book, Inc. New York, 1973. Stefan Andreescu, *Vlad Tepes (Dracula)*, Éd. Minerva, Bucarest, 1976 ; Nicolae Stoicescu, *Vlad Tepes*, Éd. Academici, Bucarest, 1976.

du sultan, endormir ses soupçons et entreprendre ensuite, dans de meilleures conditions, le combat contre lui.

Psychologiquement, l'hypothèse la plus plausible est celle de l'acte de vengeance des Saxons de Brasov. Elle arrangeait Mathias, convenait à sa politique, paralysait pour un temps le prince valaque, et permettait au roi de Hongrie de s'en retourner sans remords (et sans craindre les reproches du pape) aux querelles intestines de son royaume.

Dracula prisonnier

Quoi qu'il en soit, Dracula se retrouve en prison de 1462 à 1474. Pendant ce temps, Mathias, débarrassé de l'encombrant prince valaque, explique partout, par l'entremise de ses ambassadeurs, et sans risque d'être contredit, les circonstances de l'arrestation de Vlad. En 1464, profitant d'un répit du côté des Ottomans, il peut même racheter la couronne de Saint-Étienne et la ceindre sur sa tête au cours de fastueuses cérémonies, célébrées durant le mois de mars.

C'est la même année, le 15 août, que s'éteint le pape Pie II. Avant de mourir, il a exhorté les cardinaux à persévérer dans la croisade contre les Ottomans. Il a aussi donné, à cette fin, quarante mille ducats au roi de Hongrie (lequel empocha la somme mais se garda de réagir).

Le nouveau pape, le Vénitien Pietro Barbo, devenu Paul II, ne tarda pas à accuser Mathias Corvin, tout comme l'empereur Frédéric III et la Sérénissime Venise, d'avoir utilisé à des fins personnelles l'argent accordé pour les croisades. Le reproche était d'autant plus justifié que Mehmet II relançait sa conquête en Bosnie, en narguant la Hongrie et la chrétienté.

Les historiens discutent les lieux mêmes où se trouvait

enfermé Dracula. On parle d'une forteresse située près de Buda. On n'en sait guère davantage. S'agissait-il d'une prison ou d'une demeure avec assignation à résidence ? Peut-être les deux, la prison des débuts se muant en résidence surveillée par la suite, surtout vers la fin, lorsque Mathias Corvin jugera opportun de permettre à Vlad de récupérer son trône.

La cour de Buda rehaussa si bien la légende noire de Dracula qu'elle pénétra même les récits russes qui, cependant, pour la plupart, étaient plus favorables au voïévode. Selon ces textes, l'Empaleur n'avait nullement renoncé, même prisonnier, à son supplice de prédilection. On dit qu'il capturait des souris et des rats et les empalait pour son plaisir. Ces rongeurs se révélant ensuite insuffisants à assouvir sa soif de tortures, il s'était procuré des oiseaux pour leur faire subir le même sort. Ou alors, il leur arrachait, vivants, leur plumage avant de les relâcher, ainsi dépouillés, dans la nature...

Cette réputation d'homme assoiffé de sang et de torture était répandue par ses geôliers qui voulaient trouver en lui un cas pathologique.

Lorsqu'il fut question, plus tard, de le relâcher, Mathias Corvin exigea, disent certains écrits russes, que Vlad l'Empaleur adjure la foi orthodoxe pour embrasser celle de la foi latine, c'est-à-dire de se convertir, en fait, au catholicisme. Un récit allemand corrobore même cette affirmation. Mais si les écrits russes condamnent ce reniement, les textes allemands ne le critiquent aucunement.

En fait il est peu vraisemblable que Mathias Corvin ait exigé une telle abjuration. Non que Vlad eût pu la refuser. Pour lui, la liberté et le trône de Valachie valaient bien une messe. Mais en fait, la coutume voulait, en principautés roumaines, que le voïévode soit de rite orthodoxe, coutume respectée par les Turcs, même à l'époque des Phanariotes, c'est-à-dire au temps où les princes roumains n'étaient que de hauts fonctionnaires ottomans choisis parmi les Grecs de Phanar, un quartier d'Istanbul.

Imposer sur le trône de Valachie un renégat passé au catholicisme aurait été, de la part du roi de Hongrie, une faute politique grave. Elle aurait fait de Vlad l'Empaleur un indésirable, voire un hérétique maudit dans son propre pays, ce qui n'aurait été guère utile à son protecteur qui, d'origine roumaine de Transylvanie par son père, ne pouvait ignorer cette coutume.

Finalement, l'explication la plus plausible de la libération de Vlad l'Empaleur réside non dans sa conversion (vraie ou fausse) au catholicisme, mais dans la nécessité de garder un « État tampon » dirigé par un homme à poigne. La Valachie était l'un, Vlad l'Empereur restait l'autre. Et les combats avec les Ottomans se poursuivaient...

Après sa libération, Mathias emmena Vlad à Buda, sa capitale, et l'installa dans une maison de résidence à Pest, sur l'autre rive du Danube.

Vlad l'Empaleur y connut là quelques aventures, si l'on s'en réfère à un récit en langue russe racontant certains épisodes nullement invraisemblables, compte tenu de la psychologie du prince valaque.

Un jour, en voulant échapper à des policiers qui le poursuivaient, un malfaiteur chercha refuge dans la maison de Dracula. Les policiers ne tardèrent pas à l'y débusquer, et l'un d'eux réussit à s'emparer du fuyard. Dracula, alerté par le bruit, sortit de ses appartements et libéra le malfaiteur en décapitant son poursuivant.

Les policiers s'indignèrent et s'en allèrent illico protester auprès du bourgmestre, lequel en référa aussitôt au roi pour demander justice contre Vlad. Un envoyé de Mathias se rendit alors auprès de l'Empaleur à fins de remontrances. Dracula objecta que l'homme de police n'avait fait que se tuer lui-même en pénétrant abusivement dans sa demeure. La règle exigeait qu'il présente d'abord une requête concernant ce malfaiteur. Il appartenait ensuite au prince valaque de prendre une décision : livrer l'homme ou le gracier.

Ayant eu connaissance de la réponse de Dracula, raconte le texte russe, Mathias prit le parti d'en rire en prisant fort le courage du sombre prince. La coutume du prince régnant et des grands boyards de Valachie qui se considéraient sur leurs terres comme seuls maîtres après Dieu avait été respectée…

Le souci de dignité personnelle et la volonté de faire respecter, même contre le pouvoir d'État, l'inviolabilité de leur domicile et leur droit de vie et de mort caractérisaient alors l'aristocratie traditionnelle européenne qui, de la sorte, exerçait sur son propre domaine une justice indépendante et parfois très expéditive.

6
La fin de l'Empaleur

La libération de Dracula et son mariage au sein de la famille royale de Mathias Corvin donnent à penser qu'il était lavé de l'accusation de trahison qui l'avait frappé naguère. Par ailleurs, cette union soulignait la reconnaissance de son rôle d'avant-garde dans le combat anti-ottoman, de nouveau à l'ordre du jour des préoccupations du roi de Hongrie, compte tenu de la rapide et menaçante expansion de l'empire de Mehmet II.

De fait, en juin 1475, le sultan fait la conquête des colonies italiennes de Crimée. Mieux, et les principautés roumaines s'en désolent, il étend son pouvoir suzerain sur les Tatars de Crimée, le khanat devenant vassal de la Sublime Porte. C'était là un coup très dur pour la Moldavie d'Étienne le Grand, prise en tenaille entre les Turcs et les Tatars, d'autant que le même danger menaçait la Valachie.

Depuis lors, on n'a cessé de retrouver, dans l'histoire des principautés roumaines, des invasions de Turcs et de Tatars synchronisant leurs mouvements pour mieux terroriser et piller les populations. Celles-ci n'ont plus alors d'autres ressources que d'appliquer la tactique de la terre brûlée en s'enfuyant dans les montagnes et les forêts afin d'y attendre le reflux des vagues d'envahisseurs.

Depuis cette époque, également, la tradition roumaine appelle la Voie lactée la « voie des esclaves ». On dit que les prisonniers des envahisseurs, réduits en esclavage, tentaient souvent de s'enfuir et, au péril de leur vie, de retourner dans leur pays. Ils le faisaient en se cachant le jour et en marchant la nuit, se répérant sur les étoiles de la « voie des esclaves ».

Devenu plus conscient du danger ottoman, Mathias Corvin convoque la Diète hongroise, à Buda, au printemps 1475. Il s'assure alors d'un impôt d'un florin, en monnaie, par foyer. Cet or est destiné à financer la reprise des combats contre les Turcs. Par ailleurs, le roi de Hongrie sollicite de nouveau l'aide matérielle du pape Sixte IV et celle de Venise, et paraphe une alliance avec Étienne le Grand, voïévode de Moldavie. Puis, dans le but d'attirer la Valachie dans le sillage de cette alliance, lorsque Vlad l'Empaleur sera de nouveau sur son trône, il accorde à celui-ci, qui réside alors à Cluj, une pension de deux cents florins.

En 1476, à la tête d'une immense armée, le sultan se lance de nouveau à la conquête de la Moldavie, aidé par ses alliés les Tatars et une armée valaque. Étienne le Grand est écrasé sous le nombre et ses troupes sont dispersées. C'est alors qu'arrivent des renforts en provenance du royaume de Hongrie, sous la forme d'une armée commandée par Étienne Báthory, prince de Transylvanie, aidé de Vlad l'Empaleur. Une chronique autrichienne attribue même à ce dernier une victoire contre les Turcs qui oblige ceux-ci à repartir de Moldavie sans avoir pu déloger et remplacer son prince régnant.

Étienne le Grand, reconnaissant, et qui voulait, par ailleurs, racheter son attaque surprise de 1462 contre Chilia, s'efforce alors de faciliter le retour de Dracula sur son trône. Il a déjà préparé le terrain en chassant Radu le Bel de Valachie, en 1473.

Vlad l'Empaleur et sa famille s'approchent de la frontière valaque vers la fin de 1475. Ils s'établissent à Sibiu. Le

21 juin de l'année suivante, la Diète de Buda soutient officiellement sa candidature au trône de Valachie. Quelques mois plus tard, une expédition conduite par Étienne Báthory et organisée sur ordre de Mathias Corvin entre en Valachie. En novembre, la capitale traditionnelle, Tîrgovîste, tombe aux mains de Dracula, et Bucarest, la nouvelle capitale, est prise le 16. Dix jours plus tard, Vlad l'Empaleur réoccupe son trône et contrôle le pays. Mathias Corvin est tout heureux d'en aviser le pape Sixte IV dans la mesure où il considère que cette reconquête peut jouer un rôle clef dans la croisade anti-ottomane tant attendue.

Ce nouveau règne de Dracula sera court : à peine deux mois. On trouvera un jour son corps, décapité, non loin du monastère de Snagov. Il sera enterré devant l'autel de l'église, dans un tombeau souterrain.

Il est vrai que le dernier règne de Vlad s'était ouvert sous de mauvais auspices. Le sultan ne lui pardonnait pas l'éviction de son protégé, due aux interventions armées des Hongrois et des Moldaves. Par ailleurs, la méfiance des boyards à son égard restait grande et sa réputation ne jouait pas en sa faveur. À cela pouvait s'ajouter la rumeur concernant sa conversion au catholicisme par laquelle on l'aurait jugé, du métropolite au paysan, à la fois hérétique et maudit.

Dracula était conscient de l'hostilité qu'il inspirait. De retour sur son trône, il fit preuve de prudence en laissant sa seconde épouse et ses enfants en Transylvanie. Il avait par ailleurs obtenu d'Étienne le Grand qu'il lui laisse une garde personnelle de deux cents soldats moldaves. Que cette garde soit moldave disait le climat de méfiance qui régnait alors autour de lui.

Restent les circonstances de la mort de l'Empaleur. Plusieurs versions existent.

L'une parle d'un retour en force de Radu le Bel, aidé par

les Turcs et une partie des boyards. C'est au cours du conflit qui opposa alors les deux frères que l'Empaleur se serait fait tuer, aux alentours de Bucarest, la nouvelle capitale.

Une autre version attribue l'assassinat de Dracula à un faux fidèle (en réalité un espion turc) qui, durant l'attaque évoquée, aurait assailli l'Empaleur par derrière et lui aurait coupé la tête avant d'aller la porter comme un trophée au sultan.

Un troisième récit parle d'un combat au cours duquel Dracula se serait fait couper en morceaux. Sa garde aurait été décimée et seuls quelque dix soldats rescapés auraient pu porter la mauvaise nouvelle à Étienne le Grand. Dans cette version, on précise que la tête de Dracula aurait été offerte à Mehmet II qui l'aurait clouée à la porte extérieure de son palais pour l'offrir aux regards des habitants de la capitale ottomane.

Mais la plus extravagante version de la mort de Dracula se trouve dans le récit russe dont nous avons déjà parlé. Durant la guerre évoquée ci-dessus, l'Empaleur se serait déguisé en Turc (il aimait tromper l'ennemi de cette manière) pour grimper sur un belvédère et examiner de haut l'évolution des combats, vérifiant par là même le comportement de ses propres troupes. Mais, découvert et pris pour un véritable Turc, il aurait succombé au nombre de ses assaillants non sans en avoir occis une demi-douzaine.

La version la plus probable est celle qui combine plusieurs éléments : Dracula serait tombé victime des coups conjugués de ses ennemis turcs et des traîtres venant de ses propres rangs.

L'église du monastère de Snagov où son corps aurait été enterré devant l'autel se trouve non loin de Bucarest, mais à l'écart, sur une île, au milieu d'un lac. Jadis entouré par la grande forêt valaque, ce monastère servait volontiers de refuge aux familles des boyards ou aux paysans des alentours lors des grandes invasions.

Des témoignages du siècle passé parlent d'une pierre tombale montrée aux visiteurs par les moines de Snagov. Cette pierre (à l'inscription érodée par le temps) se trouve, aujourd'hui encore, au niveau du parvis de l'église, juste devant l'entrée principale de l'iconostase qui, dans l'orthodoxie, sépare l'autel du reste de l'édifice.

Autrefois, certains moines racontaient au visiteur attardé que le corps de l'Empaleur était assis sur cette pierre tombale, située au point central de l'église pour y être foulée pendant les cérémonies religieuses. Ainsi l'âme du grand pécheur Dracula aurait pu trouver quelque soulagement aux châtiments de l'enfer où elle était plongée...

L'image de Dracula

Dans cette église du monastère de Snagov où sont enterrés les restes de Dracula, à l'exception de sa tête, on ne trouve, parmi les fresques murales, aucun portrait de l'Empaleur. Sans doute les moines ont-ils voulu éviter un rappel inopportun. En effet, même dans ce monastère fortifié, et malgré son isolement au milieu d'une île, Dracula y aurait perpétré quelques crimes sur des boyards de haut rang qui y avaient trouvé refuge.

Il semble qu'à certaines époques Vlad l'Empaleur se soit servi de ce monastère pour y expérimenter des tortures nouvelles, ce que semblent prouver quelques squelettes décapités enterrés à proximité de l'église. On dit que Dracula installait certaines de ses victimes dans une cellule où elles étaient invitées à prier à genoux devant une icône de la Vierge. Puis, grâce à un mécanisme actionné par le tyran, la victime tombait soudain dans une trappe au fond de laquelle se trouvait un pieu qui l'empalait. Dès lors, la dépouille décapitée de Dracula n'a fait que retrouver, en ces lieux, celles de ses victimes. Crime et châtiment ?

Les images de Dracula (même ses images matérielles qui sont arrivées jusqu'à nous dans l'iconographie historique) montrent un diable d'homme aux multiples facettes. Le portrait le plus connu du voïévode est celui qui est conservé dans le château d'Ambras, au Tyrol. Il offre, selon un témoin oculaire, un portrait fort ressemblant de Dracula.

Ce témoin oculaire, légat du pape, rencontra l'Empaleur à Buda. Il raconte que Dracula n'était pas de grande taille mais d'apparence forte et puissante. Il lui attribuait un aspect cruel et terrible : nez grand et aquilin, narines gonflées, figure allongée et assez rougeâtre, longs cils ombrant des yeux verts et écarquillés, sourcils noirs et fournis à aspect menaçant. Le visage était rasé, à l'exception de la moustache, des tempes fortes augmentaient le volume de la tête, et un cou de taureau réunissait la nuque haute et les épaules larges sur lesquelles tombaient de longs cheveux noirs et ondulés. Tout un chacun peut vérifier la ressemblance du portrait oral avec celui qui est peint...

Dans ses commentaires, Aeneas Silvius Piccolomini, élu pape sour le nom de Pie II, écrivait à propos de l'Empaleur : « Il est toujours en prison ; c'est un homme grand et beau qui semble fait pour régner. Telle est la différence, souvent, entre la figure et l'âme de quelqu'un... » Manifestement, le pape n'avait entendu que les accusations de la cour de Buda, et surtout il avait lu la lettre (authentique à ses yeux) adressée par Dracula au sultan.

De surcroît, les récits allemands, traduits en latin à son usage, devaient sans doute montrer des gravures représentant l'Empaleur siégeant à des banquets au milieu d'une forêt d'empalés... Ce qui ne pouvait qu'horrifier ce pape humaniste.

Mais peut-on réduire Vlad l'Empaleur à la seule image

fournie par les récits des Saxons et le poème noir qui en fut inspiré ? Ou bien encore par les récits écrits en russe, sans doute par un ambassadeur de Moscou à la cour de Mathias Corvin, et qui semblent issus des mêmes sources d'information ? Les uns et les autres privilégiaient ce qui était susceptible de capter l'intérêt de leurs auditeurs. On insistait sur la cruauté spectaculaire de Dracula. Il est vrai que celle-ci donnait matière à indignation et que ce contemporain de Louis XI était manifestement un tortionnaire.

Il faut bien, cependant, considérer que l'époque était brutale et sans pitié. Peu importaient les moyens si le combat paraissait juste. Ainsi, alors que la légende a amplifié la perversité sadique de Vlad l'Empaleur, l'histoire semble avoir pris en compte le contexte historique de sa vie tumultueuse en retenant son courage, sa résistance contre l'envahisseur. Et cette dernière image est demeurée très présente en Roumanie.

Dans la poésie patriotique roumaine du XIXe siècle (surtout après la révolution de 1848) comme dans la peinture de l'époque, l'Empaleur est présenté comme un héros de la lutte anti-ottomane pour l'indépendance. À cette époque, les principautés roumaines encore soumises par le sultan évoquaient volontiers les mânes de l'Empaleur pour justifier leur combat contre les Turcs.

Après la guerre d'indépendance qui vit la Roumanie perdre une partie de la Bessarabie au profit de son grand voisin et « allié » russe, Mihai Éminescu, grand poète roumain, invoque, à la fin d'un poème célèbre, l'ombre justicière de l'Empaleur, considéré comme un vaillant Hercule capable, dans un éventuel retour, de refaire le coup des écuries d'Augias.

Il faut également citer une épopée tragi-comique en langue roumaine, intitulée *Tziganiada*, de Ion Budai-Deleanu, et publiée au début du siècle dernier, qui met en scène un voïévode astucieux et valeureux menant les Tsiganes au combat contre les Turcs. Ce voïévode n'est autre que Vlad l'Empaleur aidé par des anges, alors que ses adversaires (les Turcs et les mauvais boyards) sont aidés par Satan. Dans cette épopée non dépourvue d'humour noir, les vampires et les forces du mal ne sont pas les alliés mais les ennemis du prince valaque.

Un autre grand poète, de notre siècle celui-là, Tudor Arghezi, consacre un poème à l'Empaleur. Il y parle de l'œuvre d'équarrissage de Dracula, soulignant l'impartialité relative de ses châtiments. À tout seigneur tout honneur : les vizirs, par exemple, étaient embrochés à leur hauteur hiérarchique, au sommet des peupliers. Pour les évêques et autres saints hommes, Dracula utilisait des pals de bois saint et bien odorant. Et Vlad, pendant que ses amis et courtisans trinquaient avec lui, les jaugeait en pensant aux pals qu'ils méritaient.

Moi-même, adolescent, je n'ai pas hésité à apporter ma contribution au héros national par un drame historique qui commence par le châtiment des ambassadeurs de Mehmet II, déjà évoqué, mais se termine sur le récit d'une bataille où l'Empaleur, cerné de toutes parts, fait preuve d'héroïsme.

Quant à Victor Hugo, dans un poème de *La Légende des siècles* consacré au sultan Mehmet II, il met en parallèle la cruauté du sultan et celle de l'Empaleur :

Vlad boyard de Tarvis appelé Belzébuth
Refuse de payer au Sultan le tribut
Prend l'ambassade turque et la fait périr toute
Sur trente pals plantés au bord de la route.
Mourad accourt, brûlant moissons, granges, greniers,
Bat le boyard, lui fait vingt mille prisonniers.
Puis, autour de l'immense et noir champ de bataille,
Bâtit un large mur tout en pierre de taille.
Et fait dans les créneaux pleins d'affreux cris plaintifs.

Maçonner et murer les vingt mille captifs.
Laissant des trous par où l'on voit leurs yeux dans l'ombre
Et part, après avoir écrit sur le mur sombre :
Mourad tailleur de pierre, à Vlad planteur de pieux.

Ces vers furent peut-être inspirés par un passage d'une *Histoire de l'Empire ottoman* où sont analysées les causes de sa grandeur et de sa décadence. Dû à la plume du prince moldave Dimitrie Cantemir et traduit à Paris en 1743, cet ouvrage montre, une fois de plus, que la cruauté et la torture n'étaient point l'apanage du seul Dracula.

En effet, les sultans turcs (auprès desquels Vlad l'Empaleur et son frère Radu le Bel avaient fait leur apprentissage durant leur adolescence) étaient orfèvres en la matière.

Dracula sera donc passé à la postérité à double titre. Combattant pour l'indépendance de son pays à une époque où la Valachie pouvait devenir, pour les Turcs, une voie d'accès vers l'Europe, il a paralysé par sa bravoure la marche de Mehmet II, le conquérant de Constantinople. Prince d'une férocité apparemment sans limite, il a incarné le mal jusqu'à en devenir l'une des personnifications les plus célèbres : un mythe de sang et d'immortalité.

7

Les métamorphoses du vampire

Dracula, prince historique, n'avait, ni avant ni après sa mort, la réputation d'être un vampire – du moins dans le sens donné aujourd'hui à ce terme. Les véritables vampires naturels que sont les chauves-souris représentent plus une faune du nouveau monde américain qu'une espèce connue en Europe. Chez nous, on peut parler de sangsues, moustiques et autres punaises, ou, à la rigueur, dans les croyances populaires indo-européennes, d'êtres surnaturels ou de fantômes s'abreuvant du sang des humains. C'est la soif de sang humain, au sens figuré de l'expression, dont a fait preuve l'Empaleur, qui est à l'origine de sa métamorphose historique en vampire.

Le vampire, archétype biologique ?

Dans l'éthologie (science qui s'occupe de l'étude du comportement des êtres vivants), il existe un rapport instinctif, inné, entre la proie et le prédateur – par conséquent entre les espèces biologiques nourricières, qu'il s'agisse de plantes ou d'animaux, et les variétés qu'elles nourrissent.

Dans mon enfance de paysan du Danube, j'ai observé la peur que suscite dans une basse-cour l'ombre même d'un hobereau. J'ai remarqué combien les oisons, comme les moutons, savent choisir dans un pâturage les herbes qui leur conviennent ; combien aussi les cochons (pourtant peu regardants) ne se trompent pas sur la nature de la nourriture qu'ils rencontrent.

Une fois, mais une seule, j'ai découvert un oison intoxiqué par de la ciguë. Les oies, pourtant, comme beaucoup d'autres animaux, savent éviter cette plante trop célèbre depuis que Socrate en fut victime jadis, dans la démagogie classique d'Athènes qui devait servir de modèle à maints pays.

La rareté même des intoxications par les plantes ou les insectes vénéneux prouve qu'il existe un instinct chez les êtres vivants qui les protège du danger. Sans doute est-ce là l'expérience innée de l'espèce.

L'homme, en ce domaine, fait-il exception à la règle ? Il est vrai qu'avec le temps il a quelque peu perdu l'instinctivité de ses ancêtres. Mais il garde encore les virtualités innées de ses réflexes et de ses réflexions.

Si la connaissance humaine ne sort point d'emblée casquée et définitivement arrêtée (comme Minerve de la tête de Jupiter), il n'est pas moins vrai que seul l'*a priori* inné permet l'acquisition (sous la pression sélective du milieu) de ce qu'on appelle à tort ou à raison la pensée...

La pensée humaine, hautement symbolique, se traduit en toute langue, et il est fort probable que son évolution a amené avec elle, dans une évolution parallèle, l'élaboration d'un langage capable de l'exprimer et de la communiquer. Mais la pensée symbolique, l'idée-symbole, semble précéder sa traduction en n'importe quelle langue, y compris les langues maternelles. En effet, malgré les mots différents qui signifient, en divers idiomes, le genre humain ou la gent canine, par exemple, il préexiste dans l'intellect l'image symbolique de l'homme et du chien avant son expression dans la parole.

Pour autant faut-il revenir à un monde originel des idées

dont parlait jadis Platon ? Aucunement, car il ne s'agit que de la virtualité de la pensée symbolique inscrite dans le cerveau humain, et point des « idées innées » ou des « connaissances innées » dans le sens strict du terme.

La musique de Mozart, de Beethoven ou de Wagner, comme les vers de Shakespeare ou de Rimbaud, ou encore les toiles d'un Van Gogh, sont loin d'avoir l'instinctivité du chant du rossignol...

Si, dans le chant du rossignol, ou la danse des abeilles exécutée pour communiquer à leurs sœurs les données concernant une source de nourriture, chaque séquence est manifestement innée, les œuvres musicales, poétiques ou picturales, demandent *a priori* du talent ou un génie inné. Mais, sans un milieu favorable à leur éclosion, ce talent et ce génie resteraient enterrés comme le « talent » d'une parabole de l'Évangile.

Dans la pensée de l'homme, on retrouve sans doute les virtualités symboliques inscrites dans la mémoire biologique. Cela se fait par la sélection de certaines mutations. La longue histoire de l'espèce humaine, durant laquelle certains comportements ont ressemblé manifestement à ceux d'animaux tels les singes anthropoïdes, n'est pas faite pour y apporter un démenti. Une observation banale de l'éthologie montre que les animaux diurnes manifestent une crainte instinctive des ténèbres. Cette crainte de l'obscurité, dans des lieux inconnus en particulier, se rencontre également chez l'homme, et surtout chez l'enfant qui possède, moins que l'adulte, la maîtrise de soi.

La crainte des ténèbres, ressentie et exprimée dans le comportement et le langage courants (et ceux des religions, avec leurs notions de « ténèbres extérieures ») implante ses rhizomes, de toute évidence, dans le « vécu » biologique des espèces d'animaux diurnes.

Pendant l'évolution, la sélection naturelle ne maintenait pas en vie les animaux inadaptés à la vie nocturne. Les poules sauvages, sujettes à l'héméralopie (le manque de vision dans le noir) sont de ces races qui constituaient des cibles idéales pour leurs prédateurs. Même les poules domestiques sont victimes de cette faiblesse innée.

L'espèce humaine elle-même se trouve être une espèce diurne dont les rythmes de sommeil nocturnes semblent, justement, ponctués par le chant du coq qui, dans beaucoup de traditions populaires, est censé bannir les mauvais esprits. Si l'homme ne souffre d'héméralopie qu'en certains cas pathologiques rares, il est loin d'avoir une bonne vue dans l'obscurité comme les nyctalopes, qu'il s'agisse des chats, des chouettes ou des hiboux. L'homme est moins inadapté aux ténèbres que le coq, mais bien moins adapté que le chat.

Tout en étant d'une espèce diurne, l'homme, même préhistorique, a toutefois dû utiliser la nuit comme élément défensif ou offensif pour assurer sa survie. Ce n'est pas Vlad l'Empaleur qui nous contredirait, lui qui exploitait volontiers la nuit pour attaquer ses adversaires...

Une vieille coutume paysanne, en particulier en Roumanie, patrie de Dracula, veut que le cri de la chouette soit de mauvais augure et qu'il annonce une mort dans la maison (alors qu'elle est l'oiseau chéri, dans la tradition grecque, de la déesse de la Sagesse).

L'on peut penser que cette double symbolique a un fondement éthologique clair. Dans l'antique Athènes (fertile en philosophes), la chouette, attirée par les fenêtres illuminées tard dans la nuit, lançait son cri à proximité des demeures où des sages veillaient sur leurs œuvres. Dans les Carpates où, dans les temps reculés, les intellectuels se faisaient encore plus rares qu'aujourd'hui, les chouettes lançaient aussi leur cri près des fenêtres illuminées. Mais c'étaient celles des veillées des agonisants ou des morts. D'où la réputation de mauvais augure des chouettes qui leur valait parfois, la superstition populaire aidant, des châtiments iniques dignes d'un Dracula. Car une fois capturées, elles étaient clouées vivantes sur la porte des enclos. Grâce à ce rôle d'épouvantail, elles protégeaient la cour et la maison de l'esprit du mal, ce supposé esprit des ténèbres qui hante l'imaginaire humain.

De même certains grands papillons de nuit (appelés « tête-de-mort », ou « cap-de-mort » en roumain, car ils portent sur leur dos une sorte de dessin naturel qui rappelle l'image de la mort) étaient regardés avec méfiance, les emblèmes de la nuit se métamorphosant en images de la mort par une série d'analogies psychologiques.

Les ténèbres de la nuit où on ne voit rien (en roumain, on dit « nuit aveugle ») préfigurent le néant de la mort, comme si le sommeil de la nuit préfigurait le sommeil éternel. L'impénétrabilité du noir (ou sa faible pénétrabilité) par le regard humain cacherait ainsi, depuis les temps immémoriaux de l'évolution animale de l'homme, les pires dangers.

Même sans aller aussi loin dans la mémoire biologique et en nous arrêtant simplement à la mémoire historique de l'humanité, le ventre profond de la nuit peut recéler, comme celui du cheval de Troie, les pires ennemis de l'homme et de la cité. Car la plupart des forteresses réputées inexpugnables étaient souvent conquises de nuit, par trahison. Si les oies du Capitole, devenues sacrées à la suite de leur exploit, n'avaient pas cacardé, l'assaut nocturne des Gaulois eût sans doute réussi. Mais ces gardiennes sacrées du temple, en trahissant la présence de l'envahisseur, sauvaient Rome et, par conséquent, modifiaient le cours de l'histoire.

Le coq gaulois n'est-il pas devenu l'emblème totémique de la France parce qu'il glorifiait l'aube, signifiant par là la fin des ténèbres ? S'il figure si fréquemment au faîte des églises françaises, ce n'est pas pour rappeler, comme certains feignent de le croire, la trahison de l'apôtre Pierre, et par conséquent la trahison perpétuelle de l'Église catholique envers Jésus. Il symbolise plutôt la lumière, le passage des ténèbres à la clarté, voire le principe même de résurrection...

La lumière est volontiers divine, et les ténèbres sataniques. Dans le *Faust* de Goethe, Satan est appelé « l'esprit qui nie tout ». Tombé, il est devenu l'antinomie de ce Lucifer dont on dit qu'il fut le premier des anges de lumière, et qui retournera, à la fin des siècles, selon une tradition mystique, à la source primordiale de lumière.

Quant à notre biosphère, le *Fiat lux*, symbole de la création divine, rencontre le symbole solaire, le soleil, source de chaleur et de lumière. C'est lui qui permet l'assimilation chlorophyllienne du règne végétal. Il est donc à la racine même de la vie terrestre et de son évolution, depuis les molécules primitives dispersées dans la soupe primordiale jusqu'à l'homme...

Les chrétiens primitifs furent parfois accusés de cannibalisme par certains de leurs détracteurs. Dans ces accusations sans fondement réel se trouve, malgré tout, un symbole sublimé, celui de l'Eucharistie, qui plonge ses racines dans la Cène, rendue si célèbre par Léonard de Vinci. En effet, le suc des plantes (en l'occurrence celui passé dans le vin) et la farine de blé (aboutissant au pain) symbolisent la communion de l'homme avec la biosphère. Dans la nourriture du sang et du corps filtre la lumière de notre système solaire, pour ne pas dire la lumière tout court.

En opposition avec la lumière du jour, la nuit est remplie, dans les traditions religieuses et populaires, d'esprits maléfiques. Dans une tradition roumaine, même la lune, pendant ses éclipses, est rongée par les « vîrcolaques », une sorte de démons spécifiques. Par ailleurs, les éclipses de soleil représentent la victoire des forces des ténèbres. Trois Évangiles témoignent qu'à la mort de Jésus « il y eut des ténèbres sur toute la terre ».

Enfin, les Daces (les immortels, ou ceux qui se croyaient tels, dont parle Hérodote) avaient pour habitude de faire flèche de tout bois pendant que les nuages couvraient le ciel. Ils assimilaient celui-ci à l'œil bleu de Zamolxis, leur grand dieu, qu'ils aidaient ainsi de toute la force de leurs arcs bandés afin de triompher des forces des ténèbres [1].

Sans doute, au cours de l'évolution biologique de l'espèce humaine, les pressions sélectives du milieu ont-elles abouti, comme pour d'autres espèces d'animaux diurnes, à une sorte de crainte instinctive du noir. Cette tendance fut contrecarrée chez l'homme, dans une certaine mesure, par une autre qui voulait que l'on profitât de la nuit pour attaquer une cité, s'emparer des ennemis endormis, ou voler à l'abri des regards indiscrets.

Non sans ironie (intrinsèque à son intelligence lucide) Anatole France décrit, dans *L'Île des pinguins* (qu'on peut identifier à l'hexagone français), comment les ténèbres forgent les mythes. Le « dragon » (ce qui rappelle le surnom de Dracula) qui dévastait les maisons et les poulaillers, abrité sous le manteau noir de la nuit, n'était autre qu'un humain rusé qui, enlevant et violant la vierge Orberose, sanctifiée dans l'imagination populaire, fit d'elle un complice qui l'aidait subrepticement dans ses forfaits. À charge de revanche, le « dragon », enchaîné par la ceinture de cette éternelle vierge (bien que toujours violée) devait rehausser son prestige et la mettre en odeur de sainteté.

Beaucoup de héros de mythologies religieuses ou de légendes populaires doivent avoir les mêmes origines

1. Cette variante de la coutume dace est donnée selon la tradition de mes ancêtres directs. Pour plus de détails l'on peut consulter : Mircea Eliade, *De Zalmoxis à Gengis Khan*, Éd. Payot, Paris, 1970.

troubles, comme le mythe associé au pal, historique lui, de Dracula devenu l'archétype du vampire. Pour expliquer l'apparition d'un tel archétype, il n'est pas besoin de remonter à la paléontologie et aux grands reptiles se nourrissant, et donc versant le sang, des ancêtres animaux de l'homme actuel...

La nuit des vampires

Les parasites qui sucent le sang – identifié à la substance de la vie humaine – se rencontrent dans la nature, nous l'avons déjà souligné. Ces parasites sont également, dans l'histoire, les vecteurs de maladies graves. Les poux ont véhiculé le typhus exanthématique, les moustiques la malaria, les rats la peste, les chauves-souris la rage, etc.

Le dessin des ailes de ces dernières fut volontiers exploité dans l'iconographie chrétienne pour représenter Satan et les anges des ténèbres. La chauve-souris (compagnon de route de Dracula dans certains films d'horreur) inspire une crainte superstitieuse par identification à l'esprit maléfique. Cette crainte date probablement du temps reculé des cavernes où elle rivalisait pour l'habitat avec l'homme préhistorique qu'elle exposait, par ailleurs, à certaines maladies transmissibles. Une légende roumaine considère les chauves-souris comme des souris maudites pour avoir mangé et souillé le pain consacré par l'Eucharistie sur l'autel des églises.

Dans les superstitions populaires, la chauve-souris souffre d'une réputation qui la marginalise parmi d'autres animaux. En bonne logique, c'est la souris ordinaire qu'on devrait plaindre : n'est-elle pas une infirme privée d'ailes ? Reste que la chauve-souris est volontiers considérée comme un monstre. Or, parmi les mammifères, seules les chauves-souris peuvent s'envoler comme des oiseaux, et de surcroît pendant la nuit, ce qui les identifie, par tradition, aux esprits des ténèbres dont elles deviennent, par extrapolation, les compagnons de route et de vol nocturne.

Longtemps, les maladies inexplicables, les épidémies et les épizooties ruineuses ont hanté la conscience des humains. Ceux-ci attribuaient ces maladies à des malédictions diverses ou à un châtiment divin. De nos jours, des interprétations de ce type existent encore lorsque s'imposent des maladies incontrôlées (le sida par exemple). La croyance au vampirisme a souvent découlé de la pâleur cadavérique des grands malades victimes de leucémies, d'anémies pernicieuses ou autres maladies directement sanguines. L'hémophilie (hémorragies par défaut de coagulation normale du sang) a donné longtemps prétexte à soutenir son existence. Qu'on se rappelle l'histoire de la famille de Nicolas II, dernier tsar de Russie, et de son fils hémophile. Leurs démêlés avec le guérisseur Raspoutine ne furent pas étrangers à leur discrédit. En ce temps-là, une maladie de ce genre pouvait bien apparaître comme un effet de la « vampirisation ».

Si l'on accepte la définition commune selon laquelle le vampire est une créature d'outre-tombe, un fantôme (en roumain : *strigoi, moroi, stafie*) qui sort, couvert par les ténèbres de la nuit, pour sucer le sang des vivants, l'on retrouve des racines antiques à de telles croyances.

Les religions, qui nourrissaient leurs dieux de sacrifices humains ou animaux en arrosant de leur sang les autels, se réfèrent sans doute au mythe de Kronos dévorant ses enfants. Il s'agit là d'une séquelle antique, projetée sur le père de Zeus, d'une ancienne coutume de cannibalisme aboutissant à boire dans des crânes humains le sang de l'ennemi. L'Eucharistie chrétienne ne fit que sublimer ces symboles en leur donnant la signification d'une communion mystique avec la divinité.

Dans la haute Antiquité grecque, l'on trouve des germes de croyances selon lesquelles, pour prendre force, les âmes des morts se nourrissent de sang, tout comme les vampires. Selon l'*Odyssée*, attribuée au célèbre poète aveugle Homère, Ulysse, durant sa descente dans l'empire des morts (les Champs élysées souterrains) fit égorger des moutons dont le sang insuffla l'énergie vitale aux augustes ombres invoquées par l'astucieux roi d'Ithaque.

D'ailleurs une croyance d'Athènes prescrivait d'offrir aux morts de la nourriture et du vin, durant un mois de l'année, quand ils réapparaissaient comme revenants. Dans différents pays (dont la Roumanie d'aujourd'hui) les banquets qui suivent les enterrements reflètent une croyance en l'au-delà de la mort. On y partage des aumônes en vin et nourriture (dont la célèbre *coliva*, grains de blé bouillis avec des aromates et du sucre). On peut penser qu'il s'agit là de vestiges de l'ancien cannibalisme, du temps où l'on consommait, au festin mortuaire... le décédé lui-même !

Le vampirisme a des antécédents dans nombre de civilisations et de populations. De nombreux contes y font référence, depuis les *Contes du vampire*[2] en sanskrit, jusqu'aux *Contes des Milles et Une Nuits*. Pour les Chinois et les Malais, tout comme pour les Hongrois, les Bulgares et les Roumains, l'ail constitue l'un des meilleurs moyens d'éloigner les mauvais esprits. Le vampire, quels que soient les noms qu'on ait pu lui donner, atteint la dimension d'un véritable archétype surgi des profondeurs de l'inconscient collectif de l'humanité[3].

---

2. *Contes de vampire*, Gallimard/UNESCO, 1963.
3. Jean Marigny, *Le Vampire dans la littérature anglo-saxonne*, Didier-Érudition, 1985.

Sciences naturelles

Dans la *Revue pour le développement de la médecine et des sciences naturelles* (Nüremberg, 1732, p. 82, nº 11), on lit qu'à Barachino (Serbie), ville sur la frontière turque située à quelque vingt-sept milles de Belgrade, des morts déjà enterrés sont sortis de leurs tombeaux sans les briser et ont assassiné plusieurs personnes. Ces crimes furent commis la nuit, pendant le sommeil des victimes, qui étaient vidées de leur sang et mouraient au bout de trois jours. On retrouva ces morts ressuscités – que dans ces régions on dénomme vampires – dans leur cercueil : on aurait pu les croire vivants, tant ils étaient bien conservés, avec du sang frais qui leur coulait des narines, de la bouche et des oreilles. Enfin, les magistrats ordonnèrent qu'on leur tranchât la tête et qu'ensuite leurs cadavres fussent brûlés et leurs cendres jetées dans la Morava.

On relate (*op. cit.*, nº 12, p. 91) des faits semblables dans le village de Madvega. À Gablonz (Silésie), ces prétendus vampires revenaient fort souvent de l'au-delà, se rendaient auprès de leurs familles avec lesquelles ils buvaient et mangeaient, et avaient même des rapports avec leurs veuves. Il arrivait que si d'aventure des voyageurs passaient par le village à l'heure où les vampires sortaient de leurs tombes, ceux-ci les poursuivaient et les attaquaient par derrière. Dans la ville de Possega (*op. cit.*, nº 10) on a, paraît-il, découvert que certaines personnes avaient été tuées par succion du sang. On ouvrit les tombes des vampires vingt jours après leur mort et on découvrit les corps, les visages, les ongles des mains et des pieds absolument intacts.

Prospero LAMBERTINI,
PAPE BENOIT XIV
De Servorum Dei Beatificatione et de Beatorum Canonizatione, Rome 1749.

Malgré l'universalité du mythe, les vampires ont trouvé une niche écologique de prédilection dans les montagnes des Carpates et dans les pays voisins. En Transylvanie, en Yougoslavie, en Bulgarie ou en Grèce, les églises orthodoxes furent moins dures dans la répression des anciennes croyances populaires que le catholicisme romain. L'Inquisition catholique était particulièrement soucieuse d'extirper les superstitions, jugées païennes, du vampirisme...

Mais non sans d'intéressantes contradictions. C'est ainsi qu'en 1484, le pape Innocent VIII approuva la publication d'un ouvrage, *Malleus Maleficarum*, résultant de la longue enquête menée par deux dominicains, Jacob Sprenger et Henrich Kramer, sur les esprits maléfiques, et qui concluait à la réalité des morts-vivants. Une affirmation que les théologiens du protestantisme tels Luther et Calvin ne jugèrent pas utile de réformer.

En plein siècle des Lumières, en 1749, Dom Augustin Calmet, exégète biblique réputé, ne recula point devant la tâche, plutôt ingrate, d'écrire un « Traité sur les apparitions des Esprits et sur les Vampires, ou les Revenants, de Hongrie, de Moravie, etc. » Rendus à la mode, les vampires devinrent, à Paris comme à Rome, un sujet de conversation de salon, et même le pape Benoît XIV, en 1749, consacra, dans un de ses ouvrages, tout un chapitre aux vampires.

Voltaire devait écrire, non sans une ironie acerbe, « que le révérend père Dom Augustin Calmet, prêtre, bénédictin de la congrégation de Saint-Vannes de Saint-Hidulphe, abbé de Sénone, abbaye de cent mille livres de rente, voisine de deux autres abbayes de même revenu, a imprimé et réimprimé l'histoire des vampires, avec l'approbation de la Sorbonne, signée Marcilli » ! Et dans cet article de son *Dictionnaire philosophique*, l'illustrissime patriarche de Ferney indiquait quels étaient à ses yeux les véritables vampires : les membres du clergé.

Absolution

On chercha si on ne trouverait pas dans l'Ancien Testament ou dans la mythologie quelque vampire qu'on pût donner pour exemple : on n'en trouva point. Mais il fut prouvé que les morts buvaient et mangeaient, puisque chez tant de nations anciennes on mettait des vivres sur leurs tombeaux.

La difficulté était de savoir si c'était l'âme ou le corps du mort qui mangeait. Il fut décidé que c'était l'un et l'autre. Les mets délicats et peu substantiels, comme les meringues, la crème fouettée et les fruits fondants, étaient pour l'âme ; les rosbifs étaient pour le corps.

Les rois de Perse furent, dit-on, les premiers qui se firent servir à manger après leur mort. Presque tous les rois d'aujourd'hui les imitent, mais ce sont les moines qui mangent leur dîner et leur souper, et qui boivent le vin. Ainsi les rois ne sont pas, à proprement parler, des vampires. Les vrais vampires sont les moines qui mangent aux dépens des rois et des peuples.

On agite ensuite la grande question, si l'on peut absoudre un vampire qui est mort excommunié. Cela va plus au fait.

Je ne suis pas assez profond dans la théologie pour dire mon avis sur cet article ; mais je serais volontiers pour l'absolution, parce que dans toutes les affaires douteuses il faut toujours prendre le parti le plus doux.

Le résultat de tout ceci est qu'une grande partie de l'Europe a été infestée de vampires pendant cinq ou six ans, et qu'il n'y en a plus ; que nous avons eu des convulsionnaires en France pendant plus de vingt ans, et qu'il n'y en a plus ; que nous avons eu des possédés pendant dix-sept cents ans, et qu'il n'y en a plus ; qu'on a toujours ressuscité des morts depuis Hippolyte, et qu'on n'en ressuscite plus ; que nous avons eu des Jésuites en Espagne, en Portugal, en France, dans les deux Siciles, et que nous n'en avons plus.

VOLTAIRE,
Dictionnaire philosophique, 1764.

De son côté, Rousseau, cet autre célèbre fils du siècle des Lumières, n'hésitait point à écrire à l'archevêché de Paris : « S'il y a dans le monde une histoire attestée, c'est celle des vampires. Rien n'y manque : procès-verbaux, certificats de notables, de curés, de magistrats ; la preuve juridique est des plus complètes : avec cela, qui est-ce qui croit aux vampires ? »

Malgré le scepticisme de bon aloi de Voltaire et Rousseau, beaucoup de gens, pourtant, croyaient aux vampires. Ainsi, durant toute la première moitié du XVIIIe siècle, le phénomène du vampirisme prend une telle ampleur que les autorités doivent sévir. Vers 1710, en Prusse-Orientale, lorsqu'une épidémie de peste ravage le pays, on va jusqu'à rendre les vampires responsables de la calamité. Les autorités font ouvrir les tombes des présumés vampires qui leur ont été signalés pour mettre fin à leurs agissements selon les procédés classiques.

Certaines affaires sont assez spectaculaires. On cite ainsi (dans un rapport officiel en langue allemande) les cas se rapportant à deux paysans, l'un hongrois, l'autre serbe, devenus tous deux vampires après leur mort. Le premier, Pierre Plogojowitz, est accusé *post mortem* d'avoir provoqué la mort de huit personnes dans son petit village de Kizilova ; le second, Arnold Paole, mort en tombant d'une charrette de foin vers 1726, et devenu également vampire, était censé avoir décimé en partie la population de son village serbe de Medreïga. Le cas de ce dernier eut un certain retentissement dans la mesure où le rapport le concernant fut transmis au conseil de guerre de Belgrade. Publié et plusieurs fois réédité, ce document attira beaucoup l'attention jusque dans les cours royales d'Autriche et de France. Et de nombreuses publications, dont une revue franco-hollandaise fort connue à l'époque à Versailles, *Le Glaneur*, s'attardèrent sur ce cas. L'on y orthographiait « vampyre » avec un « y ». Le mot « vampire » apparut en

Le vampire de Medreïga

Il y a environ cinq ans qu'un certain heiduque habitant de Medreïga, nommé Arnold Paole, fut écrasé par la chute d'un chariot de foin. Trente jours après sa mort, quatre personnes moururent subitement, et de la manière que meurent, suivant la tradition du pays, ceux qui sont molestés de vampires. On se ressouvint alors que cet Arnold Paole avait souvent raconté qu'aux environs de Cassova, et sur les frontières de la Serbie turque, il avait été tourmenté par un vampire turc ; car il croit aussi que ceux qui ont été vampires passifs pendant leur vie, le deviennent actifs après leur mort, c'est-à-dire que ceux qui sont sucés, sucent aussi à leur tour ; mais qu'il avait trouvé moyen de se guérir en mangeant de la terre de sépulture du vampire, et en se frottant de son sang : précaution qui ne l'empêcha pas cependant de le devenir après sa mort, puisqu'il fut exhumé quarante jours après son enterrement, et qu'on trouva sur son cadavre toutes les marques d'un archivampire. Son corps était vermeil, ses cheveux, ses ongles, sa barbe, s'étaient renouvelés, et ses veines étaient toutes remplies d'un sang fluide, et coulant de toutes les parties de son corps sur le linceul dont il était environné.

Le Hadnagy ou le Bailli du lieu, en présence de qui se fit l'exhumation, et qui était un homme expert dans le vampirisme, fit enfoncer, selon la coutume, dans le cœur du défunt Arnold Paole un pieu fort aigu, dont on lui traversa le corps de part en part, ce qui lui fit, dit-on, jeter un cri effroyable comme s'il était en vie. Cette expédition faite, on lui coupa la tête et l'on brûla le tout. Après quoi on fit la même expédition sur les cadavres de ces quatre autres personnes mortes de vampirisme, crainte qu'ils n'en fissent mourir d'autres à leur tour. Toutes ces expéditions n'ont cependant pu empêcher que, vers la fin de l'année dernière, c'est-à-dire au bout de cinq ans, ces funestes prodiges n'aient recommencé, et que plusieurs habitants du même village ne soient péris malheureusement. Dans l'espace de trois mois, dix-sept personnes de différent sexe et de différent âge, sont mortes de vampirisme : quelques-unes sans être malades, et d'autres après deux ou trois jours de langueur. On rapporte qu'une nommée Stanoska, fille du heiduque Jotuitzo, qui s'était couchée en parfaite santé, se réveilla au milieu de la nuit, toute tremblante, en faisant des cris affreux, et disant que le fils du heiduque Millo, mort depuis neuf semaines, avait manqué de l'étrangler pendant son sommeil. Dès ce moment, elle ne fit plus que languir et, au bout de trois jours, elle mourut. Ce que cette fille avait dit du fils de Millo le fit d'abord reconnaître pour un vampire ; on l'exhuma, et on le trouva tel. Les principaux du lieu, les médecins, les chirurgiens, examinèrent comment le vampirisme avait pu renaître, après les précautions qu'on avait prises, quelques années auparavant.

On découvrit enfin, après avoir bien cherché, que le défunt Arnold Paole avait tué non seulement les quatre personnes dont nous avons parlé, mais aussi plusieurs bestiaux, que les nouveaux vampires avaient mangés, et entre autres le fils de Millo. Sur ces indices, on prit la résolution de déterrer tous ceux qui étaient morts depuis un certain temps. Parmi une quarantaine on en trouva dix-sept avec tous les signes les plus évidents de vampirisme, aussi leur a-t-on transpercé le cœur et coupé la tête ; et ensuite on les a brûlés, et leurs cendres ont été jetées dans la rivière.

Toutes les informations et exécutions dont nous venons de parler, ont été faites juridiquement en bonnes formes et attestées par plusieurs officiers, qui sont en garnison dans le pays, par les chirurgiens majors des régiments et par les principaux habitants du lieu. Le procès-verbal en a été envoyé vers la fin de Janvier dernier, au Conseil de Guerre Impérial à Vienne, qui avait établi une commission militaire, pour examiner la vérité de tous ces faits.

Augustin Calmet,
Dissertation sur les apparitions des esprits et sur les vampires et revenants, 1749.

---

anglais pour la première fois dans le *London Journal* du 11 mars 1732.

Légendes et histoire éloignée ne sont pas les seuls vecteurs de la mythologie vampirique. L'histoire contemporaine n'y échappe pas complètement, en particulier à propos d'histoires criminelles de type psychopathologique.

Il existe, par exemple, le cas du « vampire de Hanovre ».

Il fut décapité en 1925 pour avoir perpétré quelque vingt-sept assassinats. Il attirait chez lui des adolescents et, après festins et libations, les mordait à la gorge jusqu'à ce que mort s'ensuive.

Un autre psychopathe, le « vampire de Düsseldorf », était en apparence un père de famille tranquille. Il fut pourtant exécuté, en 1931, pour avoir bu le sang, après leur avoir tranché la gorge et les avoir violés, de quelque vingt-neuf enfants et jeunes filles.

Plus proche de nous, John Haigh, le « vampire de Londres », fut pendu dans la prison de Wandsworth, le 10 août 1949, pour le meurtre de neuf personnes, avec le motif avoué de boire leur sang. Son effigie de cire figure dans la chambre des horreurs au musée de Madame Tussaud, le musée Grévin londonien. Suivant les dernières volontés de ce criminel hors série, le mannequin qui le représente a été vêtu de son complet gris et porte sa cravate rouge (rouge sang comme il se doit pour un vampire, mais à carrés verts, ce qui en atténue singulièrement l'effet).

John Haigh a laissé une confession qui fut publiée quelques jours après sa mort par *Life* aux États-Unis, *New Worlds of the World* en Angleterre et *France-Dimanche* en France.

C'est en se blessant à la main à l'âge de dix ans et en léchant le sang qui s'écoulait de sa blessure qu'il en découvrit la saveur « ineffable ».

Devenu adolescent, au cours d'un flirt mal contenu, il mord les lèvres d'une jeune fille, et s'enfuit « dans un éclair de lucidité avant d'avoir vraiment goûté au sang ».

Un jour plus tard, il fait un rêve terrifiant : « Je voyais une forêt de crucifix qui se transformaient graduellement en arbres. Je crus voir d'abord de la rosée ou de la pluie dégoutter des branches. Mais, en approchant, je compris que c'était du sang. Soudain, la forêt entière se mit à se tordre, et les arbres ruisselèrent de sang. Il suintait sur les troncs. Il tombait des branches, tout rouge. J'avais l'impression de m'affaiblir, de perdre toutes mes forces. Je vis un homme qui allait d'arbre en arbre recueillir le sang dans une coupe. Lorsque la coupe fut pleine, il s'approcha de moi : "Buvez !" me dit-il. Mais j'étais paralysé, le rêve s'évanouit[4]. »

Dès lors, il est hanté par « l'horrible désir », par la « terrible soif de sang », et se découvre de la « race des vampires ». Premier meurtre : il assomme son ancien patron, le jeune Swan, lui tranche la gorge et « aspire lentement » le sang qui sort de la plaie.

Sa deuxième victime est une femme – tout comme la neuvième et dernière – qui « portait une croix autour du cou ». Une croix qui ne l'empêche pas de commettre son forfait (alors qu'elle aurait repoussé Dracula) mais qu'il éprouve « une jouissance infinie à piétiner ».

Il se débarrasse des corps en les faisant « fondre » dans un baril d'acide sulfurique, ganté et pourvu d'un masque à gaz pour ne pas être incommodé par les vapeurs. Ainsi disparaît la belle Rose Henderson qui « fondit dans l'acide comme une poupée de cire à la chaleur ». « Sa forme et sa couleur disparurent lentement, écrit-il, gigantesque morceau de sucre que je tournais avec un grand bâton, longuement, patiemment, tranquillement... »

Arrêté enfin et condamné à la pendaison, John Haigh se sent victime d'une force supérieure « qui nous pousse à agir et régit mystérieusement notre destin, sans se soucier du bien et du mal ».

« Ce n'est pas possible, ajoute-t-il en conclusion de sa confession, mes neuf meurtres doivent avoir leur explication quelque part hors de ce monde terrestre. Ce n'est pas possible qu'ils ne soient absurdement que le rêve d'un fou

4. *France-Dimanche*, le 14 août 1949.

plein de bruit et de fureur comme le dit le grand Shakespeare. Il y a donc une vie éternelle ? Je le saurai bientôt. »

Le dernier vampire connu, le « vampire de Nuremberg », s'acharna tout d'abord sur des tombes d'où il déterrait des femmes récemment inhumées pour leur ouvrir la gorge et boire leur sang, avant de tuer un jeune couple en 1972 sur lequel il se livra au même rituel sanguinaire.

S'expliquant sur ce double meurtre, ce « vampire » déclara qu'il avait bu le sang de l'homme pour devenir tout aussi beau que lui, tandis que sa compagne avait été assassinée à cause de sa beauté qui dépassait celle des cadavres déterrés dans les cimetières... De tels « arguments » rappellent sans doute aux ethnologues l'époque du cannibalisme où certaines tribus mangeaient un parent mort ou un ennemi tué afin de boire son sang pour s'approprier ses qualités physiques ou morales.

Quoi qu'il en soit, il n'en reste pas moins évident que de tels « vampires », c'est-à-dire de tels criminels, durent exister depuis la nuit des temps. En trouvant le matin leurs victimes exsangues, beaucoup furent, sans doute, tentés (surtout à des époques encore plus superstitieuses) de les attribuer à des vampires morts-vivants alors qu'il s'agissait, en réalité, de l'œuvre de psychopathes bien vivants.

D'ailleurs, la croyance en des vertus revigorantes du sang ne hantait pas seulement la tristement célèbre comtesse Báthory, mais d'autres femmes de petite ou grande vertu qui, à la Belle Époque, après une nuit mouvementée, allaient se restaurer, aux abattoirs de Paris, d'un verre de sang chaud de bœuf...

Aux États-Unis, où il arrive que l'on prenne très au sérieux des affaires qui le sont beaucoup moins, un centre de recherches des vampires (Vampire Research Center) a été créé en 1972 pour prouver l'existence de vampires. Des vampires qui n'ont rien de morts-vivants, mais qui boivent le sang humain par... besoin physiologique (dû à la diminution du volume de leurs globules rouges). Ils vivent beaucoup plus vieux que le commun des mortels (entre cent et deux cents ans !) et possèdent une très grande activité sexuelle.

Bien entendu, ils ne craignent pas la lumière du jour, ne ressentent pas le moindre besoin de dormir dans un cercueil, et n'esquissent aucun geste d'effroi devant un crucifix. Les gousses d'ail ne les font nullement reculer, à moins qu'elles n'aient été ingurgitées par les victimes potentielles. Ce qui laisserait à penser que les vampires vrais ou faux ont en commun une sensibilité exacerbée qui leur commande d'éviter les odeurs nauséabondes...

Ces vampires « new age » mordent à belles dents les gorges de leurs victimes, de préférence lors d'ébats amoureux que l'on est en droit de supposer quelque peu frénétiques. Ils affirment un incontestable magnétisme sexuel dont Christopher Lee avait pu avoir une idée assez précise lorsqu'il jouait le personnage de Dracula. L'acteur, en effet, recevait des milliers de lettres aussi intimes que passionnées provenant de femmes du monde entier qui espéraient des délices sexuels inédits (morsures comprises).

Christopher Lee assurait récemment avoir découvert, en personnifiant Dracula, la sexualité de son personnage : « Le regard d'abord, puis l'approche des partenaires. Des baisers sur le visage... de plus en plus pressants. Il faut exciter le désir : pourquoi ne m'embrasse-t-il pas[5] ? »

D'après le docteur Stephen Kaplan, vingt mille Américains auraient des comportements « vampiresques » sans être pour autant des criminels. À moins que leurs partenaires ne meurent... de plaisir.

Les ténèbres des villes et des villages ne cachent donc

5. Interview, février 1993.

pas seulement des vampires de légendes ou des morts-vivants – inexistants ou inoffensifs. Outre les vampires dûment catalogués par le Vampire Research Center, et qui entreraient plutôt dans la catégorie des déviants sexuels, elles recèlent de véritables vampires, de terribles psychopathes autrement plus dangereux pour les vies humaines. Certains, astucieux, n'ont pas conforté le vampirisme uniquement par leurs forfaits. Ils ont également répandu, et volontairement, les croyances en ces êtres malfaisants surnaturels pour devenir d'autant plus insoupçonnables, les coupables étant perçus comme des « fantômes ».

Cela n'allait pas sans arranger certaines Églises. La peur pouvait offrir des « fidèles » prêts à payer pour des exorcismes en tous genres. Par ailleurs, ces superstitions persistantes apportaient des excuses à l'incapacité de toutes les gardes de nuit (dont la seule immortelle reste celle de Rembrandt) et de toutes les polices. Un alibi à leur incapacité à trouver les coupables, ou dans leur tendance à les ignorer lorsqu'il s'agissait de puissants comme ce fut le cas, sans doute, dans l'affaire de Jacques l'Éventreur.

La Transylvanie, le pays du vampire Dracula

Le pays sur lequel régna Vlad l'Empaleur fut donc la Valachie, appelée également Muntenie, pays des montagnes, et non la Transylvanie. Mais Vlad l'Empaleur passa une partie de son enfance dans cette province voisine dont sa mère était originaire.

Si Vlad l'Empaleur n'est aucunement un vampire *stricto sensu* (car il ne buvait pas le sang de ses victimes), il reste, nous l'avons déjà souligné, une personnalité historique qui a versé beaucoup de sang, par l'intermédiaire du pal, son instrument de cruauté préféré. Sa gloire noire fut d'ailleurs répandue en Occident par les récits des Saxons de la région, des Carpates. Mais le vampire Dracula et son château, localisé en Transylvanie, sont l'œuvre de Bram Stoker dans son « chef-d'œuvre de l'épouvante », paru en 1897.

Avant de parler de ce livre, fondamental pour la compréhension du mythe de Dracula, arrêtons-nous un moment à la Transylvanie, son pays légendaire, qui est en même temps le mien. Je suis en effet descendant d'une des plus anciennes familles roumaines de cette contrée, mondialement connue, grâce surtout, hélas, aux films d'épouvante. Le nom même où se déroulent les exploits sanglants de Dracula a dû contribuer à l'éclat du mythe : le pays d'au-delà des forêts... Cette signification du nom latin de cette province le nimbait *a priori* d'une aura légendaire...

De surcroît, la Transylvanie offrait, depuis la nuit des temps, un terroir fertile en aventures sanglantes grâce aux combats et aux mélanges de diverses populations qui la sillonnaient dans le bruit et la fureur des migrations successives des barbares ou prétendus civilisés.

Hérodote, l'illustre historien de l'Antiquité, parle du sacrifice humain d'un messager censé porter au grand dieu des Daces les doléances de ses fidèles. En effet, les Daces (les premiers habitants connus par l'histoire de la Transylvanie) avaient coutume, selon Hérodote, d'offrir, tous les quatre ans, un sacrifice humain pour communiquer avec Zamolxis. Un jeune homme, parmi les plus purs, était jeté sur trois javelines soutenues par des guerriers. S'il n'en mourait pas, on incriminait son impureté. On dépêchait alors un autre « messager » pour le même exercice, afin que mort d'homme s'ensuive.

Ce sacrifice rituel rappelle – bien que dans un tout autre contexte historique et psychologique – la torture favorite de l'Empaleur. Mais, dans le cas des Daces, elle représentait une sorte de faveur divine pour le supplicié, ambassadeur dans l'au-delà.

La Transylvanie fut ensanglantée après la fin du premier siècle de notre ère, il y a presque deux millénaires, par les guerres et la conquête romaine. Décébal, roi vaillant qui obligea Domitien à lui payer tribut, y fut vaincu par Trajan, après des combats acharnés. En désespoir de cause, les dirigeants daces se donnèrent la mort sur les ruines de leur capitale tandis que le roi Décébal se transperçait le cou pour échapper à la honte d'être traîné à Rome derrière le char triomphal du vainqueur. Sa tête, coupée et apportée en trophée à Rome, devait laisser une empreinte indélébile sur la colonne de Trajan, célèbre monument archéologique, historique et esthétique, de la Cité éternelle. C'est ce que raconte ses bas-reliefs en spirale : les guerres entre les Romains et les Daces, qui constituèrent, par un baptême de sang originel, l'acte de naissance des Roumains. Les ruines des cités daces de Transylvanie en gardent, aussi, la mémoire terrible.

La Transylvanie connut ensuite, après le retrait de Rome, différentes migrations barbares, dont l'invasion des Huns sous la conduite de leur célèbre chef Attila. Celui-ci avait élu résidence à proximité, dans l'actuelle Hongrie. Il y a aussi, vers l'an mille, l'invasion des Finno-Ougriens (les Hongrois) après des combats sanglants contre les Daco-Romains autochtones. Ils devaient, eux aussi, sillonner cette terre, depuis lors toujours ébranlée par des séismes ethniques.

Au commencement de notre millénaire débute la colonisation des Saxons, notamment dans les Carpates, à la frontière de l'Empire. Leurs récits vont jouer un grand rôle dans l'histoire posthume du mythe de Dracula.

L'histoire mouvementée et parfois très troublée de la Transylvanie, écartelée entre des ethnies le plus souvent hostiles les unes aux autres, a charrié maints règlements de compte où le sang coulait à flots. C'est sans doute dans ce sang, abondamment versé, et dans ces haines (qui se réglaient parfois au coin d'un bois, laissant une victime exsangue) qu'il faut chercher les racines de cette prolifération de contes sur des vampires qui, loin d'être des morts-vivants, n'étaient que des hommes vivants tout court.

Dans cette situation, caractéristique de l'histoire de la Transylvanie, ancien noyau de la Dacie (en latin, avant la conquête romaine, *Dacia felix*) devenue depuis, comme la Valachie et la Moldavie, autres principautés roumaines, un pays malheureux, les vampires ne devaient pas manquer. Durant ces âges de fer et de feu, en proie aux épidémies que favorisaient les guerres, les habitants erraient comme des ombres humaines, affamés par les pillages systématiques et l'oppression d'une oligarchie conquérante : les magnats hongrois.

La comtesse Báthory reste l'un des fleurons les plus dévoyés de cette oligarchie et le plus spectaculaire. Ce véritable « vampire », de famille princière, a jeté une ombre funeste sur la Transylvanie, ses vampires faux et vrais, ses tristes légendes recelées par les forêts des Carpates. Dans l'histoire sanglante de l'empire des ténèbres, elle succède à Gilles de Rais (presque contemporain de Vlad l'Empaleur) qui, pour avoir versé le sang innocent, mérite bien lui aussi d'être associé au vampirisme.

8
Deux émules historiques de Dracula

Le Dracula français : Gilles de Rais

Compagnon de Jeanne d'Arc et maréchal de France, Gilles de Rais devint, après une époque de guerre et de gloire, un horrible massacreur d'enfants.

De nos jours, d'aucuns s'emploient à réhabiliter ce fleuron noir de l'aristocratie française. Pourtant, la cause semble depuis longtemps entendue. Aucune plaidoirie ne pourra jamais couvrir les cris de souffrance arrachés aux enfants par ce terrible forcené. En défrayant à jamais la chronique historique, il s'est inscrit d'emblée parmi les plus grands scélérats de tous les temps.

Entre ce Dracula français et le Dracula tout court, il existe une sorte de baptême noir commun. Deux ouvrages les lancent dans la mythologie universelle : le roman de Bram Stoker pour le véritable Dracula, et une thèse de doctorat datant de 1885 pour le Barbe-Bleue français, thèse rédigée par l'abbé Eugène Bossard [1].

Le baron de Rais était issu d'une souche aristocratique de haute lignée. Il pouvait se flatter d'avoir parmi ses ascendants le fameux connétable du Guesclin. Mais, hélas, il semble que l'aristocratie de nom et de particule ne

1. Abbé Eugène Bossard, *Gilles de Rais, maréchal de France, dit Barbe-Bleue*, Jérôme Millon, 1992.

coïncide pas forcément avec la noblesse d'âme. Ainsi, en l'an de grâce 1404, quand Gilles de Rais vient au monde, plus que de bonnes fées, ce sont de mauvais génies qui se penchent sur son berceau.

Certains ont situé sa naissance plus tôt, vers 1396, afin d'expliquer la précocité exceptionnelle du personnage. Il est vrai que, marié à seize ans, maréchal de France à vingt-cinq, il s'illustre très vite dans les combats qui ensanglantent alors le royaume de France. Comme Vlad l'Empaleur, Gilles de Rais a l'étoffe d'un héros. De plus, son intelligence est belle, sa culture manifeste. C'est par ailleurs un généreux mécène qui aide les savants et artistes qui le fréquentent.

À seize ans, déjà, il est couvert des lauriers de Mars, et son goût pour les armes et la guerre est manifeste. Ses penchants sadiques l'aident sans doute à s'adapter aux combats qui ensanglantent le duché de Bretagne, dont il est originaire, et auxquels il participe en s'endurcissant le cœur. La guerre de Cent Ans lui donne maintes occasions de s'illustrer et de jouer un rôle célèbre comme compagnon (« valeureux et fidèle ») de Jeanne d'Arc.

Habitué très jeune aux carnages guerriers comme aux trahisons politiques (dont celle qui conduira sa compagne de guerre à être brûlée vive à Rouen), il applique finalement dans sa vie privée les critères de valeur criminels rencontrés dans sa vie de guerrier, au cours d'une période trouble et troublée.

Sa gloire fut précoce, sa retraite sur ses terres à vingt-six ans s'avère largement anticipée. Il se met alors à dissiper son patrimoine. Sa femme et ses proches s'en émeuvent. Ils obtiennent un arrêt du roi Charles VII mettant le baron de Rais sous tutelle. Celui-ci ne peut donc plus disposer de la libre administration de sa fortune. Par voie de conséquence sa générosité extravagante est freinée, qui n'était toutefois pas celle, avisée, d'un Mécène ou d'un Laurent le Magnifique.

Il est vrai que sa vanité écervelée comme son insatiable goût du théâtre poussait Gilles de Rais à des dépenses excessives. Il lui fallait de plus en plus d'argent pour satisfaire ses caprices. Une fois en tutelle, il eut alors recours à des pratiques ruineuses, voire dangereuses, comme l'alchimie et la magie noire. On peut penser qu'elles l'amenèrent peu à peu aux crimes sanglants dont il se rendit coupable et qui provoquèrent sa chute spectaculaire.

Après l'assassinat de Jeanne d'Arc, Gilles de Rais, bouleversé, ne savait plus à quel saint (ou diable) se vouer. D'où ses abandons aux sorcelleries les plus diverses, susceptibles, en particulier, de lui redonner fortune, sinon lui procurer les frissons délectables des combats guerriers. Mais, comme le dit un adage populaire, il faut avoir une longue cuillère pour dîner avec le diable. Elle fit manifestement défaut à Gilles de Rais…

Des invocations au démon à la magie noire, Gilles de Rais sombrait donc dans les superstitions les plus dangereuses. On dit même qu'il aurait offert au diable une cédule avec son nom écrit en lettres de sang.

Lorsque des enfants se mirent à disparaître dans les parages, la rumeur se mit à enfler, les soupçons à se porter sur les hommes liges du baron, et Gilles de Rais en fut bientôt atteint.

L'abbé Bossard croit pouvoir trouver les racines livresques du comportement de Gilles de Rais dans l'exemple d'une certaine Antiquité : « Nous avons vu quelque part que, durant les débats de son procès, on découvrit au château de Champtocé un exemplaire de Suétone qui lui avait appartenu. Malgré nos recherches sur un fait si curieux, nous n'avons pu l'établir sur aucun texte contemporain. Toutefois, le fait paraît vraisemblable, si l'on examine, d'un côté, le goût de Gilles pour les livres et les nombreuses preuves que nous avons de son éducation soignée et brillante ; et, de l'autre, l'analogie frappante qui existe, à certains égards, entre les orgies du maréchal et celle de Tibère et de Néron. Mais que les récits de Suétone aient mis ou non son imagination en mouvement, qu'il ait voulu ou non goûter les plaisirs infâmes de l'île de Caprée ou de la Maison dorée, en y ajoutant encore tout ce que recouvrent les flots maudits de la mer Morte, il est certain, du moins, qu'il les goûta d'abord seul dans l'ombre et le mystère[2]. »

Encouragé par ses compagnons fidèles d'orgies et de crimes, le baron laissa libre cours à son érotisme sadique et utilisa toute une petite armée de rabatteurs : « Dans la foule des complices de Gilles de Rais, à côté des hommes que nous venons de nommer, il faut remarquer enfin plusieurs femmes âgées, perdues de mœurs, versées depuis longtemps dans un commerce infâme. Il appartenait aux familiers du maréchal de les embaucher à son service et de leur apprendre le rôle qu'elles devaient jouer. En même temps qu'ils enlevaient de vive force les enfants des villes et des campagnes, ces femmes, avec leur adresse naturelle, devenaient les agents et les entremetteuses des plaisirs du baron. »

Parmi ces « femmes perdues », la fameuse Meffraye – surnom d'une stridence qui rappelait... l'orfraie. Et voilà maintenant ces oiseaux de malheur en action : « Non qu'elles cherchaient à corrompre les enfants, mais elles les engageaient à son service ou au service de ses amis. Il n'était merveilles qu'elles ne racontaient de la magnificence du maréchal, de la somptuosité de ses demeures, de l'immensité de ses richesses, de la superfluité qui l'entourait, et surtout de ses largesses et de ses libéralités. Les

2. Abbé Eugène Bossard, *Gilles de Rais, maréchal de France, dit Barbe-Bleue*, Jérôme Millon, 1992.

enfants rencontreraient chez lui fortune et bonheur, qui, par un écoulement naturel, se répandraient comme un fleuve bienfaisant sur les familles. De si belles promesses pour un si charmant avenir trouvaient, comme on le conçoit facilement, de nombreux admirateurs, et l'admiration produisait d'immenses désirs. Moitié par ambition personnelle, moitié par amour pour leurs enfants, les parents se laissaient persuader : ils les donnaient pour servir de pages... »

Mais un destin terrible attendait ces enfants trompés, dans un autre massacre des innocents : « Le crime se voilait sous ces mensonges. Sous ces fleurs, des périls étaient cachés. Les enfants, livrés au seigneur de Rais, ne réapparaissaient plus ; on n'entendait plus jamais parler d'eux. Si leurs familles, inquiètes, demandaient de leurs nouvelles au maréchal ou à ses gens, nous avons dit par quelles ingénieuses réponses ils mettaient fin à ces questions : encore l'audace des coupables arriva bientôt à ce point de confiance dans l'impunité, qu'ils dédaignaient même de répondre et se moquaient joyeusement des alarmes des familles[3]. »

Le procès de Gilles de Rais a mis l'accent sur le funeste sort qui attendait les enfants : la mort dans les pires tortures engendrées par la cruauté la plus débridée. Donnons de nouveau la parole à l'abbé Bossard pour décrire le destin terrible de ces jeunes : « Il faudrait pouvoir réunir dans un même cadre tous ces détails variés, souvent contraires ; depuis ces rires féroces, qui répondaient aux cris des mourantes victimes, jusqu'aux raffinements voluptueux dans l'art de tuer ; depuis ces caresses perfides, auxquelles succédaient les plus cruelles tortures, jusqu'à cette contemplation de la mort sur les visages éteints, mais encore

---

3. Abbé Eugène Bossard, *op. cit.*

vermeils, et ces baisers déposés par les lèvres de Gilles sur les fronts refroidis. »

De telles scènes d'épouvante pouvaient atteindre une somptueuse diversité sanglante : « Tantôt il fait démembrer la victime sous ses yeux ou la démembre lui-même pièce à pièce ; tantôt il la transperce à coups de dague, ou la frappe à coups de poignard ; tantôt la passion impatiente lui enlève la vie d'un seul coup, et tantôt, au contraire, la passion contenue s'exerce à l'épuiser graduellement ; tantôt il s'amuse à promener dans tous les sens la lame homicide ; et tantôt, enfin, il jette sa victime contre terre et l'achève avec de gros bâtons noueux ; la cervelle jaillit ; tout ce qui lui tombe sous la main, dagues, couteaux, poignards, bâtons, pierres, devient une arme pour ce vaillant chevalier, pour ce compagnon de Jeanne d'Arc, pour ce défenseur de la France, contre la faiblesse d'un enfant qui ne veut pas mourir… »

De tels faits et méfaits, d'une cruauté fabuleuse, devaient être stigmatisés avec force par Michelet dans son *Histoire de France* : « Il jouissait de la mort encore plus que de la douleur… d'une chose si cruellement sérieuse, il avait fini par se faire un passe-temps, une farce ; les cris déchirants, les râles flattaient son oreille ; les grimaces des agonisants le faisaient pâmer de rire ; aux dernières convulsions, il s'asseyait, l'effroyable vampire, sur la victime palpitante. »

Et le digne abbé qui se fit (le temps d'une thèse de doctorat) l'historien attitré du baron doit taire, malgré tout, quelques détails d'une ignominie hors pair : « Pour la vérité complète de l'histoire, on doit avertir le lecteur que l'on passe forcément sous silence certains détails d'une immoralité telle, que des juges seuls pouvaient les entendre. On n'oserait les répéter, même en citant les graves documents du procès. Tel critique, dont nous ne pouvons partager le sentiment, prétend qu'un historien ne doit rien receler de la vérité, et que Suétone n'a pas reculé devant la peinture des infamies impériales. À ces deux raisons il est permis de répondre par deux questions : pourquoi, lorsqu'il s'agit de certains crimes, la loi exige-t-elle le huis-clos de la justice ? Et qui voudrait mettre entre les mains d'un jeune homme ces pages de Suétone ? »

Sur sa lancée pudique (mais point pudibonde comme celle d'un Tartuffe demandant qu'on cache ce sein qu'il ne saurait voir), l'abbé Bossard semble pénétré, devant l'horreur, d'une véritable crainte métaphysique : « Mais, malgré le cynisme qui souille son histoire, l'on ose dire que Suétone se serait tu sur certains détails des crimes de Gilles de Rais. Ni les saturnales de Néron et de Caligula, ni ces choses innommables, qui, au dire de Tacite, se passaient dans le palais de Tibère, à Caprée, et que cet historien ne décrit pas, n'approchent peut-être et ne donnent même l'idée de ce qui eut lieu dans la chambre à coucher de Gilles de Rais, à la Suze, à Machecoul, à Champtocé, à Tiffauges. Qu'il nous suffise de dire, en général, que, de chute en chute, Gilles se trouva un jour au fond de l'abîme, face à face avec la débauche, mais une débauche telle qu'on ne peut la dépeindre : cependant, il regarda le monstre sans pâlir ; il lui sourit et lui jeta les restes de sa jeunesse et de sa pudeur à dévorer : le monstre dévora tout. »

Devant la souillure suprême de l'âme humaine, l'historien, le prêtre comme le juge s'arrêtent, sidérés : « C'est assez dire, trop peut-être ; à ceux qui désireraient davantage, il faut répondre : plutôt que d'être le Suétone de Gilles de Rais, il faudrait briser ici sa plume et jeter ces feuilles au feu. Et par respect pour sa propre conscience, et par respect pour l'âme des lecteurs, il est des choses qu'on ne peut dire : on raconte qu'en entendant la confession de Gilles, les juges de Nantes, saisis d'un irrésistible mouvement de pudeur, baissèrent les yeux et voilèrent la figure du Christ ; telle est du moins la tradition : or, il ne

Confession de Gilles de Rais

Par laquelle confession secrète qui, en la présence dudit Gilles, fut lue en jugement et publiée, et par lui approuvée, ledit Gilles de Rais, accusé, volontairement, et publiquement devant tous confessa que, pour son ardeur et sa délectation sensuelle, il prit et fit prendre un si grand nombre d'enfants qu'il ne saurait le préciser avec certitude ; lesquels il tua et fit tuer, avec lesquels il commit le vice et le péché de sodomie ; et il dit et confessa qu'il émettait la semence spermatique de la façon la plus coupable sur le ventre desdits enfants, tant avant qu'après leur mort, et aussi durant leur mort ; auxquels enfants quelquefois lui-même, et parfois d'autres de ses complices, notamment les ci-dessus nommés Gilles de Sillé, messire Roger de Briqueville, chevalier, Henriet et Poitou, Rossignol et Petit Robin, infligeaient divers genres et manières de tourments : tantôt ils séparaient la tête du corps avec des dagues, des poignards et des couteaux, tantôt, ils les frappaient violemment sur la tête avec un bâton, ou avec d'autres objets contondants, tantôt ils les suspendaient dans sa chambre par une perche ou par un crochet avec des cordes et ils les étranglaient ; et quand ils languissaient, il commettait avec eux le vice sodomite de la manière susdite. Lesquels enfants morts, il embrassait, et ceux qui avaient les plus belles têtes et les plus beaux membres, il les donnait à contempler et il faisait cruellement ouvrir leurs corps et se délectait de la vue de leurs organes intérieurs ; et, très souvent, quand lesdits enfants mouraient, il s'asseyait sur leur ventre et il prenait plaisir à les voir mourir et il en riait avec lesdits Corrillaut et Henriet, après quoi il faisait brûler et convertir leurs cadavres en poussière par lesdits Corrillaut et Henriet.

Compte rendu de l'audience
du 22 octobre 1440.

convient pas à l'historien d'être moins réservé ou moins chaste que les juges[4]. » Curieux, pourtant, qu'un dieu, même les yeux voilés, soit capable de supporter l'abomination et la désolation de ce bas monde...

Malgré ces horreurs, il est probable que le baron de Rais (contre lequel personne n'aurait eu, auparavant, le courage de témoigner) serait mort dans son lit si un acte public irréfléchi et arbitraire n'avait réussi à soulever contre lui l'ire de l'Église, du roi et du duc de Bretagne, ci-devant son protecteur.

En effet, toujours à court d'argent, Gilles devait vendre la seigneurie et le château fort de Saint-Étienne-de-Mer-Morte à un certain Guillaume Le Ferron, en remettant lui-même ces possessions au frère de l'acheteur, Jean le Ferron. Regrettant sans doute cette vente, il se mit à la tête d'une troupe de quelques centaines d'hommes pour arracher par la force les possessions vendues. Commandée par le maréchal de Rais, cette troupe alla à la reconquête de Saint-Étienne-de-Mer-Morte au jour même de la Pentecôte de l'année 1440. S'introduisant de force, à la tête de plusieurs reîtres, dans l'église du lieu où se trouvait Jean Le Ferron, le baron de Rais troubla la messe et, d'une voix de tonnerre, jeta à la figure de l'acheteur épouvanté, qui tomba à genoux devant l'affreux maréchal de France : « Dehors, ribaud ! Dehors ! Ou je te tuerai tout mort ! »

Sortant de l'église sous la menace du baron de Rais, le pauvre Jean Le Ferron, tremblant pour sa tête convoitée par Gilles, dut donner l'ordre à la garnison du château fort de remettre la propriété à son ancien maître. Ainsi eut-il la vie sauve, mais il fut chargé de fers et jeté, avec ses hommes, dans les culs-de-basse-fosse des résidences du terrible maréchal. Toutefois, celui-ci, par ce coup d'éclat, réussit la performance de se mettre tout le monde à dos :

4. Abbé Eugène Bossard, *op. cit.*

le duc de Bretagne, son suzerain direct, pour avoir levé une armée sans sa permission et avoir repris de force une propriété qui ne lui appartenait plus ; le roi de France, pour avoir enfreint les lois du royaume ; et, enfin, ce qui se révéla plus grave encore, l'Église profanée pendant l'Eucharistie, par le baron et ses reîtres, et bafouée dans la personne de Jean Le Ferron, reçu dans la cléricature et tonsuré par les mains mêmes de l'évêque de Nantes.

À Michelet de conclure sur cette affaire scabreuse : « Il n'eût jamais été accusé ni jugé, sans cette circonstance singulière que trois puissances, ordinairement opposées, semblent s'être accordées pour sa mort : le duc, l'évêque et le roi. »

En effet, le duc de Bretagne qui, jusqu'alors, avait soutenu Gilles de Rais contre sa propre famille et, aussi et surtout, contre le roi, le laissa à son triste destin. À ses sommations de remettre Jean Le Ferron et les autres prisonniers en liberté et de rendre à l'acheteur Saint-Étienne-de-Mer-Morte, Gilles avait répondu en emprisonnant ses émissaires (qui lui demandaient par ailleurs cinquante mille écus en dédommagement) et en les accablant de mauvais traitements...

Le duc de Bretagne s'accorda dans une alliance avec le roi de France contre le baron de Rais, si bien que celui-ci, prenant enfin conscience du danger, libéra les prisonniers et s'accommoda de la reprise de Saint-Étienne-de-Mer-Morte par l'armée du duc de Bretagne.

Gilles de Rais aurait consenti, sans doute, à payer au duc tout ce qu'il demandait, mais avant que de tels arrangements soient envisagés, les foudres de l'Église devaient s'abattre sur le terrible maréchal.

Arrêté, enfin, dans son château, perquisitionné de fond en comble, Gilles de Rais fut traîné devant les procédures ecclésiastiques. Menacé de torture, il devait reconnaître des crimes qui, selon son propre aveu, représentaient « assez pour faire mourir dix mille hommes ». Il ne put donner d'autres raisons – ou plutôt déraisons – à ses crimes que la débauche et le besoin d'assouvir ses désirs... Condamné à mort (comme ses fidèles âmes damnées) Gilles de Rais fut pendu au-dessus d'un bûcher. Il termina sa vie en repenti en se confiant, publiquement, à la miséricorde divine.

Pour prix, sans doute, de son repentir, le baron de Rais eut droit à des funérailles magnifiques et à un enterrement dans le panthéon de Nantes, qui était alors l'église des Carmes. Quelques années après sa mort, des demandes de réhabilitation (dont le roi lui-même se fit l'écho) devaient surgir, suscitées, sans doute, par la réhabilitation de son ancienne compagne d'armes, Jeanne d'Arc, accusée elle aussi d'hérésie par un tribunal ecclésiastique.

Toutes ces tentatives étant restées sans fruit, une dernière chance historique lui fut donnée, sans emporter aucunement la conviction, pendant l'année 1992 où l'on crut bon d'organiser un procès en réhabilitation. Si cette réhabilitation du baron semble difficile (sinon impossible), l'image du vampire assoiffée de sang et de meurtres demande peut-être à être complétée par quelques développements psychologiques tenant compte du contexte historique.

Contemporain du Dracula historique (Vlad l'Empaleur) Gilles de Rais a connu comme lui une adolescence agitée, mais toutefois peu comparable en valeur dramatique : nous avons souligné ce qu'eut à subir, enfant et adolescent, le prince de Valachie.

Rien de vraiment comparable pour son émule français, si ce n'est, dès sa plus tendre adolescence, les horreurs de guerres constantes, pour ainsi dire quotidiennes, et une permissivité qu'il évoquera à son procès. Il semblait y trouver la racine de ses crimes. Mais toute permissivité n'aboutit pas à de tels dépassements dans l'horreur ni au statut de vampire damné dans la mythologie universelle.

Quoi qu'il en soit, cette enfance trop préservée et peuplée de rêves et de cauchemars donne à Gilles de Rais le complexe de la tour d'ivoire. Sa sensibilité solitaire aiguisée découvre brusquement des choses terribles et inconnues jusqu'alors. Comme le fit, par exemple, Bouddha découvrant la vie en sortant du Palais. Mais, là où Bouddha, affronté au monde réel de la souffrance, de la vieillesse et de la mort, se sépare et se dépouille de tout pour s'en abstraire, Gilles de Rais, lui, « s'autodamne », à la manière du Dracula du dernier film de Coppola...

Le Dracula de Coppola devient le réprouvé lorsqu'il découvre que sa bien-aimée, trompée par l'ennemi sur le sort de son amant, s'est suicidée en le croyant mort. Pour Gilles de Rais, c'est le destin tragique de Jeanne d'Arc qui libère en lui les forces des ténèbres. Sans doute ne comprend-il pas pourquoi les massacres collectifs, les pillages et les viols permis à la soldatesque de toujours (encore aujourd'hui en Yougoslavie et ailleurs...) seraient interdits à l'homme seul... Pourquoi, en fait, ce qui est permis aux meutes rassemblées par le sabre et le goupillon, sous l'égide de ces monstres froids que sont les États, serait interdit aux simples particuliers...

Sacré Décalogue... Un maréchal (Staline, par exemple) commande des génocides et des massacres : il est adoré, ou craint, ou les deux. Un individu s'emploie seul à l'assassinat artisanal : il est traité de monstre.

Endurci par la guerre, enivré par ses propres endomorphines du cerveau (libérées par son éducation tyrannique de grand seigneur, ou « grand saigneur »), irresponsable, Gilles de Rais n'a su observer cette dichotomie de comportement, cette paranoïa schizoïde, à la base de tout terrorisme d'État. Il va le payer de sa vie.

Si le pal de Dracula et le bâton de maréchal de Gilles de

Rais sont les symboles adorés et abhorrés du sceptre de ce terrorisme d'État, la dague de l'assassin artisanal est le sceau indélébile de Caïn (avec la malédiction ou le châtiment qui s'ensuit dans la plupart des cas).

Pour caractériser de telles situations, les Romains avaient un dicton célèbre : *« Quod licet Jovi, non licet bovi. »* (Ce qui est permis à Jupiter n'est guère licite au bœuf). Le baron de Rais est mort de n'avoir pas compris cela dans toute la force de sa vérité première...

Dans le jeu terrible du bourreau et de la victime, de la lumière et des ténèbres, existe ce qu'on peut désormais appeler, selon Coppola, le complexe de Dracula : l'automalédiction.

Tout comme Dracula, convaincu de défendre, avec l'aide de Dieu, la chrétienté conre l'invasion du Croissant sanglant, Gilles de Rais, épris en secret de la pucelle d'Orléans, se trouvait sous l'empire d'une même révolte psychologique en assistant, impuissant, à la mort ignominieuse de Jeanne d'Arc. Il dut regarder avec une indicible haine les fauteurs des trahisons et des lâchetés qui avaient permis ce supplice.

La jouissance terrible du spectacle de la souffrance et de la mort que connut ultérieurement Gilles de Rais représentait peut-être la rage spirituelle d'un être qui avait vu ses idéaux piétinés par les puissants.

Frappé par l'hypocrisie généralisée, Gilles de Rais s'était lancé à la recherche d'autres univers. Même interdits, ils ne pouvaient être pires que les turpitudes de ce bas monde. Voilà qui pouvait expliquer son engouement pour l'alchimie, la magie noire et autres communions sanglantes.

Son repentir, sa mort édifiante ne furent qu'une dernière pose aristocratique, couvrant sa peur de la torture, de l'excommunication, de la mort et de l'enfer.

Si, pendant son procès, il se fit le héraut de ses propres crimes, c'est par crainte de ce qui l'attendait, certes, mais aussi pour se délivrer, par la vérité, à peine dicible, des obsessions qui hantaient ses jours et ses nuits. Peut-être aussi dans l'espérance de la clémence divine.

Si le repentir de Gilles de Rais fut sincère (et seul le Jugement dernier, s'il existe, pourra le dire), le vampire humain, purifié par la flamme du bûcher, a connu la délivrance éternelle de la mort. Mais sa mémoire historique lui assure une immortalité en le projetant dans la mythologie, où la malédiction du vampire rencontre la tragédie de l'homme.

D'une certaine manière, le maréchal de Rais est l'un des grands estropiés psychologiques des guerres de son temps. Comme tant d'autres soldats perdus le seront après lui.

Les massacres sanglants d'une comtesse hongroise

Apparentée, sinon par le sang (comme il est fort probable) du moins par le sang versé, avec Dracula, la comtesse Báthory reste la plus célèbre femme vampire non seulement de la Transylvanie et de la Hongrie, mais aussi du monde connu.

De sang princier et même royal, cette comtesse hongroise est née à une vie enténébrée vers l'an de disgrâce 1560, dans une famille souvent touchée par des tares indélébiles. L'« éducation » reçue de sa propre nourrice (qui s'adonnait à la magie noire) l'aurait marquée à vie.

Pourtant, le physique de cette comtesse sanglante n'était point celui d'une femme tombée dans la disgrâce de la nature. Un portrait d'elle la montre d'une étrange beauté, digne en tout point du blason de sa famille, où un dragon se mordant la queue encercle une étoile-soleil à six bras, un croissant de lune et, plus curieusement, trois dents de loup...

Le dragon de son blason semble avoir trouvé une niche

naturelle dans l'âme maudite de la comtesse, tandis que sa bouche s'armait, au figuré, des dents de loup pour mordre ses proies innocentes...

Malgré son penchant du côté de Sapho, cette dame sanglante avait eu (même avant son mariage à l'âge de quinze ans) plusieurs aventures avec des hommes vigoureux, l'un lui aurait même donné une fille dont la naissance secrète fut cachée officiellement à la cour et à son futur époux, de haute lignée hongroise.

Son mari, le comte Nadasdy, était un homme qui ne manquait guère de vigueur. Mais il se trouvait trop souvent absent du château de Csejthe où l'épouse, délaissée pour la guerre (presque permanente alors dans les parages), se mit à faire concurrence aux carnages terribles des combats. Avant la mort, en 1604, de son époux, la comtesse avait pris l'habitude (assez fréquente en son temps) de maltraiter les servantes du château... au su et au vu de tous, ce qui semblait fort naturel à l'époque de la part d'une gente dame de la haute noblesse hongroise.

Mais la comtesse, tout en étant cruelle avec son entourage féminin, n'était pas encore devenue sanglante. Ce fut sans doute l'hystérie de son veuvage, ajoutant son dérèglement à sa nature sadique, qui donna le signal des massacres. Toutefois, les penchants sadiques ne semblent pas avoir été la motivation essentielle du comportement criminel de la comtesse. En effet, elle devait utiliser souvent le sang de ses victimes comme une sorte d'élixir d'éternelle jeunesse...

Car, terrible, encouragée et aidée par son clan de fidèles des deux sexes, elle aimait par-dessus tout prendre des bains de sang, voire des douches de sang s'échappant par tous les orifices de torture de ses victimes. Et cette pluie de sang (qui faisait d'elle un vampire *sui generis*) était censée lui conserver la beauté et la jeunesse perpétuelles. Elle devait lui permettre d'atteindre ainsi au mythe de la jeunesse sans vieillesse et de la vie sans mort.

Les âmes damnées de la comtesse hantaient les villages de Transylvanie et de Hongrie à la recherche de « viande fraîche » pour leur maîtresse. Comme dans le célèbre fleuve d'Héraclite – *panta rei*–, cette femme terrifiante ne se baignait jamais deux fois dans le même sang...

Les pauvres jeunes filles, de virginité contrôlée (car seul le sang des vierges était bénéfique pour l'employeuse), se trouvaient recrutées sous des prétextes fallacieux, attirées ainsi comme dans un guet-apens au cœur de la forteresse de la comtesse Báthory. Avant de les sacrifier celle-ci les nourrissait et les engraissait dans ses prisons pour accroître la quantité et l'efficacité de leur sang.

Les vierges sacrifiées subissaient, devant elle, les pires tortures... Le cou et les membres transpercés de ciseaux et d'aiguilles, les corps martyrisés par des coups et des tenailles rougies au feu, les plus belles finissaient dans le lit à baldaquin de la comtesse, mordues par ses dents aiguës. Auparavant, elles étaient obligées de sécher de leur propre langue la peau de leur impitoyable maîtresse, sortie dégoulinante de l'hémoglobine de ses baignoires de sang...

La charmante grande dame hongroise ne se bornait guère à des tortures artisanales. Elle aurait utilisé, aussi, pour ses forfaits, un automate digne de la panoplie de l'Inquisition, surnommé la Vierge de fer, encore visible en Styrie, au château Riegersburg.

Cette monstrueuse « Vierge » était la statue de bois articulé d'une femme dont les mécanismes de fer et les pointes acérées se fermaient sur les corps des jeunes filles auxquelles la statue tortionnaire mécanique donnait, ainsi, des baisers mortels d'où le sang jaillissait sur la comtesse et ses acolytes.

Comme dit un proverbe de Transylvanie, une cruche ne va pas éternellement à l'eau, car elle finit par casser... Ainsi, malgré sa formidable autorité féodale et ses alliances de famille au sommet de l'aristocratie hongroise, les faits et méfaits de la comtesse sanglante finirent par toucher à leur fin. Horrifié par le récit de la longue litanie de ses crimes et tortures, l'empereur Mathias II de Vienne (qui était en même temps roi de Hongrie) décida, enfin, d'y mettre un terme.

Mais malgré les rumeurs qui parvenaient jusqu'à la cour impériale de Vienne, il était difficile d'apporter des preuves irréfutables de ces innombrables crimes. La plupart des témoins oculaires avaient été exécutés ou étaient des complices de la comtesse.

Le roi-empereur Mathias chargea donc d'une enquête le gouverneur local qui fournit, avec l'aide du curé du village, un rapport accablant qui convainquit Mathias II. Il décida de faire arrêter la comtesse et ses complices, et confia cette tâche au comte Thurzo, Premier ministre et néanmoins cousin – et ancien amant – de la comtesse maudite.

C'est ainsi qu'en l'an 1610, le comte Thurzo, à la tête d'un détachement militaire, entra, sans trouver de résistance, dans la résidence de la comtesse, par ailleurs absente de son château.

Aussitôt, des odeurs fortes de cadavres les incitèrent à descendre dans les souterrains. Ils y trouvèrent un spectacle horrible : outre la statue sanglante de la Vierge de fer, des cages et instruments de torture effroyables... Pis encore : des cadavres « frais », si l'on ose dire, portant les marques indélébiles de leurs souffrances...

Ils découvrirent également une cohorte de vierges apeurées qui attendaient leur triste sort. Certaines avaient déjà été torturées et avaient perdu beaucoup de sang. D'autres, mises en réserve, n'avaient pas encore été touchées.

La comtesse, de retour, affronta son cousin et ex-amant. Arguant de ses droits féodaux (elle était souveraine sur ses terres, rappela-t-elle) la grande dame refusa de répondre aux questions, se drapant dans un silence altier. Le comte Thurzo la mit néanmoins sous surveillance.

Aiguillonnée par le roi-empereur Mathias, la justice s'ébranla, non sans prudence toutefois, compte tenu du haut rang de l'illustre criminelle. La cour et le gouvernement entamèrent un procès qui se déroula cependant en l'absence de la principale intéressée.

Le procès-verbal des interrogatoires oscille entre le sordide et l'horrible. L'un des premiers témoins, le trop fidèle serviteur Ficzko, reconnut avoir trucidé trente-sept jeunes vierges et aidé à leur enterrement. Ces jeunes filles étaient ramassées dans leur village par Dorkó et d'autres servantes de la comtesse qui leur promettaient monts et merveilles. Une fois piégées, on sait ce qui leur arrivait... Il y eut même une mère dénaturée, appelée Szabo, pour amener elle-même sa propre fille à la comtesse en n'ignorant pas quel sort l'y attendait.

Les détails fournis par le trop zélé Ficzko font frémir. On apprit que des corps étaient attachés ensemble avec du fil résistant qui entrait dans les chairs ; des filles étaient battues jusqu'à devenir noires comme du charbon ; certaines avaient eu les lèvres et l'intérieur de la bouche brûlés au tisonnier rougi ; d'autres, les chairs coupées avec des tenailles et des ciseaux...

On apprit que la comtesse elle-même, à l'occasion, mettait la main à la pâte. Elle aimait piquer d'aiguilles et d'épingles le corps de ses victimes, leur passait la plante des pieds au fer rouge, brûlait leur sexe avec des cierges allumés, etc.

Sang pour sang
Interrogation de Ujvari Johanes, dit Ficzko,
le 2 janvier 1611

1re *question :* Combien de temps avez-vous vécu au château chez la Comtesse ?

Réponse : Pendant seize ans, venu en 1594, amené par Martin Cheytey, de force.

2e *question :* Combien de femmes avez-vous tuées ?

Réponse : De femmes je ne sais ; de jeunes filles j'ai tué trente-sept ; la Maîtresse en a fait enterrer cinq dans un trou, quand le Palatin était à Presbourg ; deux autres dans un petit jardin sous la gouttière ; deux autres de nuit sous l'église à Podolié. Ces deux dernières, on les emporta du château de Csejthe, et c'est Dorkó qui les avait tuées.

3e *question :* Qui avez-vous tué et d'où venaient-elles ?

Réponse : Je ne sais pas.

4e *question :* Qui les avait amenées ?

Réponse : Dorkó et une autre allèrent en chercher. Elles lui dirent de les suivre dans une bonne place de service. Pour une de ces dernières, venant d'un village, il fallut un mois pour la faire arriver et on la tua tout de suite. Surtout des femmes de différents villages s'entendaient pour fournir des jeunes filles. Même une fille de l'une d'elles fut tuée ; alors sa mère refusa d'en amener d'autres. Moi-même, je suis allé six fois en chercher avec Dorkó. Il y avait une femme spéciale qui ne tuait pas, mais qui enterrait. La femme Ján Bársovny est allée aussi engager des servantes du côté de Taplanfalve ; puis une certaine Croate de Sárvár, et aussi la femme de Mattias Oëtvos qui habite en face de la maison des Zsalai. Même une femme Szabó a amené des filles, et aussi sa propre fille quoique sachant qu'elle serait tuée. Jó Ilona aussi en a fait venir beaucoup. Katá n'a rien amené, mais elle a enterré toutes les filles que Dorkó assassinait.

5e *question :* De quelles tortures usait-on ?

Réponse : Elles attachaient les mains et les bras très serrés avec du fil de Vienne, et les battaient à mort, jusqu'à ce que tout leur corps fût noir comme du charbon et que leur peau se déchirât. L'une supporta plus de deux cents coups avant de mourir. Dorkó leur coupait les doigts un à un avec des cisailles, et ensuite leur piquait les veines avec des ciseaux.

6ᵉ question : Qui étaient les aides de torture ?

Réponse : L'une, Dorkó, piquait. L'autre, Jó Ilona, apportait le feu, faisait rougir les tisonniers, les appliquait sur la figure, le nez, ouvrait la bouche et mettait le fer rouge dedans. Quand les couturières faisaient mal leur travail, elles étaient menées pour tout cela dans la salle de torture. Un jour, la Maîtresse elle-même a mis ses doigts dans la bouche de l'une et a tiré jusqu'à ce que les coins se fendent.

Il y avait aussi une autre femme qui s'appelait Ilona Kochiská, et qui a aussi torturé des filles. La Maîtresse les piquait d'épingles un peu partout ; elle a assassiné la fille de Sitkey parce qu'elle avait volé une poire. On l'avait torturée à Pistyán, et assassinée après.

À Kerezstúr on a tué une certaine demoiselle viennoise ; les vieilles ont caché et enterré les cadavres et j'ai aidé à en mettre un à Podolié, deux à Kerezstúr, un à Sárvár.

La Maîtresse a toujours récompensé les vieilles quand elles avaient bien torturé les filles. Elle-même arrachait la chair avec des pinces, et coupait entre les doigts. Elle les a fait mener sur la neige, nues, et arroser d'eau glacée ; elle les a arrosées elle-même et elles en moururent. Même ici à Bicse, quand la Maîtresse était en train de partir, elle a obligé une servante à se mettre dans l'eau froide, jusqu'au cou ; elle essaya de se sauver à Illava, et fut tuée.

Même quand elle ne torturait pas elle-même, c'était les vieilles qui le faisaient ; quelquefois on laissait des filles sans manger ni boire pendant une semaine, et il était défendu de leur en donner. Pour quelque faute, quelquefois jusqu'à cinq jeunes filles nues devaient travailler ainsi sous les yeux des garçons à leur couture ou à faire des fagots dans la cour.

7ᵉ question : Où mettait-on les cadavres et combien y en avait-il ?

Réponse : La vieille femme, l'enterreuse, s'en chargeait. Moi-même j'en ai enterré quatre. On les enterrait en plusieurs châteaux : Lezticzé, Kerezstür, Sárvár, Beckó, on en a enterré à tous ces endroits. On les faisait geler vivantes en versant de l'eau sur elles et on les mettait dehors. L'une avait échappé, on la reprit pour cela.

8ᵉ question : La Comtesse les torturait-elle elle-même ?

Réponse : Quelquefois ; mais le plus souvent elle les faisait torturer.

9e *question :* En quels endroits cela se passait-il ?

Réponse : À Beckó, elles étaient torturées dans une chambre à provisions ; à Sárvár, en un endroit du château où personne n'entrait ; à Csejthe, dans une chambre où était la chaudière, et dans le souterrain ; à Keresztùr, dans une petite chambre de toilette. Dans le coche, quand la Maîtresse voyageait, elles étaient pincées et piquées d'épingles.

Procès d'Erzsébet Báthory,
Archives de Budapest.

Devant ces témoignages accablants, le roi-empereur se décida à condamner à mort la comtesse. Mais une exécution publique risquait d'abaisser son illustre famille, l'une des plus huppées du Saint Empire romain germanique. La famille Báthory et le comte Thurzo se concertèrent longuement. Enfin le verdict tomba : la comtesse serait emmurée vivante dans un appartement de son château.

Il en fut donc ainsi. Erzsébeth Báthory fut coupée du reste du monde par ce moyen, son appartement muré ne comportant qu'un petit orifice par où lui parvenait un peu de nourriture et d'eau indispensables à sa survie. Elle devait y demeurer quatre ans, mourant bien longtemps après la plupart de ses serviteurs, condamnés, eux, à être décapités tout de suite après le procès.

On trouva dans son appartement des éléments de magie noire et la trace de sorts jetés contre le comte Thurzo et le curé du village qui avait facilité le rapport premier du gouverneur. La comtesse Báthory y invoquait Satan en l'appelant « Le Suprême Commandeurs des Chats » et en lui demandant de lâcher une meute de quatre-vingt-dix-neuf félins contre ceux qu'elle abhorrait...

Ce même curé contre lequel elle jetait des sorts témoigna

qu'à la perquisition du château, il avait été attaqué par six chats acharnés dont il n'avait pu se débarrasser qu'avec l'aide de soldats de la garde du comte Thurzo. Hallucination ou fait réel ? Une hypothèse pourrait être avancée selon laquelle la comtesse utilisait de vrais chats, ensauvagés, pour participer aux tortures contre les vierges emprisonnées.

Une fois morte, la comtesse Báthory entra dans la légende qui la transforma en vampire hantant les ruines de son château. Elle avait cinquante-quatre ans au moment de sa mort. Certains témoignages disent qu'elle avait, sous son masque mortuaire, conservé, de façon surprenante, une étonnante beauté...

Ce que d'aucuns interprétèrent comme un signe de l'éternelle jeunesse du vampire et de l'efficacité des bains de sang de jadis.

9
Dracula
Fils putatif de Bram Stoker

Si Vlad l'Empaleur fut un prince de l'histoire valaque, Dracula peut être considéré comme le fils livresque de Bram Stoker, auteur irlandais qui publia, en 1897, le récit portant ce nom. Son attention avait été attirée sur ce personnage légendaire par Arminius Vambery qui se trouvait en mission diplomatique à Londres. Ce professeur de langues orientales à l'université de Budapest était un fin connaisseur de l'ethnographie et du folklore d'une Europe centrale alors englobée, en grande partie, dans l'Empire bicéphale d'Autriche-Hongrie.

Le récit ou, plutôt, les récits de Bram Stoker sur le comte Dracula se veulent d'emblée œuvres de fiction. Elles ne s'inscrivent aucunement dans la réalité historique de Vlad l'Empaleur. Ce dernier, en effet, était un voïévode du XVe siècle, alors que l'action du roman de Bram Stoker se déroule au XIXe siècle. Dracula ne pouvait, en tout état de cause, qu'être un descendant de l'Empaleur. Mais, au regard du mythe même du vampirisme, le comte du siècle passé pouvait fort bien être l'Empaleur lui-même devenu mort-vivant...

Dans le livre de Stoker, Dracula est présenté par le journal tenu par Jonathan Harker, clerc d'affaires quittant Londres pour la Transylvanie afin d'aller traiter avec le vieux comte en ses tours délabrées de son château des Carpates. Tombé en pleine nuit de Walpurgis, aux alentours de Munich, le pauvre clerc se trouve emporté comme un fétu de paille dans les tourbillons de ce bal tellurique de sorcières... pour finalement se retrouver étouffé par une terrible bête, un loup gigantesque aux « dents blanches, longues et pointues ».

De cette posture délicate, Jonathan Harker est tiré par des soldats partis à sa recherche... En effet, pendant que le clerc se trouvait en danger de mort, un télégramme arrivait (comme par miracle) à son auberge de Munich. Dracula y donnait des instructions pour que l'on veille sur son hôte, « un Anglais qui aime l'aventure ». « Ma fortune, concluait-il, me permettra de récompenser votre zèle. »

Grâce (si l'on ose dire) à Dracula, le jeune clerc se retrouve dans son auberge sain et sauf mais terriblement troublé. Il a le sentiment « d'être le jouet et l'enjeu de puissances contraires » mais de se trouver aussi « sous une protection mystérieuse qui l'a tiré littéralement "de la gueule du loup" ».

Jonathan Harker ne savait pas encore que, tiré comme par miracle d'un grand danger, d'autres périls encore plus grands le guettaient au château de Dracula, en Transylvanie...

Les connaissances de Bram Stoker sur cette contrée sont assez vagues – il considère le comte Dracula comme faisant partie des « Szeklers » et, par le truchement de son personnage, il présente ainsi les habitants de cette région : « Quatre races se sont implantées en Transylvanie : au sud, les Saxons auxquels se sont mêlés des Valaques qui eux-mêmes descendent des Daces ; à l'ouest, des Magyars ; à l'est et au nord, enfin, les Szeklers. C'est parmi ceux-ci que je dois séjourner. Ils prétendent descendre d'Attila et des Huns. Peut-être est-ce vrai, car lorsque les Magyars conquirent le pays au onzième siècle, ils y trouvèrent les Huns déjà établis. Il paraît que toutes les superstitions du monde se retrouvent dans les Carpates, et qu'elles ne manquent pas de faire bouillonner l'imagination populaire. S'il en est ainsi, mon séjour pourra être des plus intéressants. Je ne manquerai pas d'interroger le comte au sujet de ces nombreuses superstitions [1]. »

L'on voit dans ces quelques lignes que Bram Stoker, pour donner plus de crédibilité au récit, fait du clerc anglais un homme curieux et dépourvu de préjugés qui promet de s'enquérir auprès du comte Dracula sur les superstitions de cette province bizarre et éloignée...

Bien entendu, le comte Dracula comblera à merveille son souhait. En effet, après quelques péripéties de route, Jonathan Harker constate d'abord la peur qui paralyse les aubergistes et les paysans des alentours du château. Puis il devient l'hôte du célèbre seigneur, lequel l'accueille dignement. Mais le jeune homme ne tarde pas à réaliser que les portes fermées à clef font de lui un parfait prisonnier.

Au cours d'un long entretien avec son hôte, Dracula fait une incursion très approximative dans l'histoire de sa famille et celle de la Transylvanie, en se considérant toujours (à la différence de l'Empaleur historique) comme un Szekler. Et le comte continue avec une tirade où la fiction pure et l'histoire se mêlent à la gloire légendaire de sa famille supposée : « N'est-ce pas ce même Dracula qui légua son ardeur patriotique à l'un de ses descendants, qui, bien plus tard, traversa de nouveau le fleuve avec ses troupes pour envahir la Turquie ? Et qui, ayant battu en retraite, revint plusieurs fois à la charge, seul, et laissant derrière lui le champ de bataille où gisaient ses soldats, parce qu'il savait que, finalement, à lui seul, il triompherait ? On prétend qu'en agissant ainsi, il ne pensait qu'à lui ! Mais à quoi serviraient des troupes si elles n'avaient un

---

1. Bram Stoker, *Dracula*, Éd. Marabout, 1987.

chef ? Où aboutirait la guerre s'il n'y avait, pour la conduire, un cerveau et un cœur ? »

L'on croit reconnaître, dans ce dernier vaillant chef de guerre décrit par le comte, un Michel le Brave, lointain descendant de l'Empaleur, voïévode valaque qui, en 1601, réunit un instant sous son sceptre la Valachie, la Moldavie et la Transylvanie, préfigurant ainsi la « grande Roumanie » enfin réunifiée après la Première Guerre mondiale. Quant au frère félon de Dracula, cité dans le livre de Bram Stoker, il s'agit, sans aucun doute, de Radu le Bel, ce qui prouve que l'auteur possédait certaines informations sur l'histoire valaque.

Mais revenons au récit historique, ou plutôt mythologique, des exploits des ancêtres du comte – à moins qu'il ne s'agisse toujours du même personnage, si l'on croit que Dracula était un éternel mort-vivant : « Après la bataille de Mohacs, lorsque nous parvînmes à rejeter le joug hongrois (*sic*), nous, les Dracula, nous fûmes une fois encore parmi les chefs qui travaillèrent à cette victoire ! Ah ! jeune homme ! Les Szeklers et les Dracula ont été leur sang, leur cerveau et leur épée – les Szekler peuvent se vanter d'avoir accompli ce que ces parvenus, les Habsbourg et les Romanoff, ont été incapables de réaliser... Mais le temps des guerres est passé. Le sang est considéré comme une chose trop précieuse en notre époque de paix déshonorante. Et toute cette gloire de nos grands ancêtres n'est plus qu'un beau conte. »

Dans ce passage, transcrit d'après l'édition citée de Bram Stoker, il faut lire, à la place du « joug hongrois », le « joug turc », car les Turcs, vainqueurs à Mohacs sur le royaume de Hongrie – terrassé par leur fougue – ne purent jamais vraiment tenir sous leur joug direct la Transylvanie. Qu'il s'agit bien du joug turc (et non hongrois) est conforté par la suite du texte. Dracula se vante que ses ancêtres aient réussi ce que les empires des Habsbourg et des Romanoff n'avaient pu faire à l'époque : la victoire sur l'Empire ottoman.

Enfin, la conclusion de ce dialogue (ou plutôt monologue) du comte fait montre de l'esprit belliqueux de Dracula et de son obsession du sang. Qui, d'ailleurs, parmi les politiciens, les militaires et les policiers, pourrait lui jeter la première pierre au siècle de Staline et de Hitler ?

Le jeune clerc devait vivre d'effrayantes aventures dans ce château des Carpates où il se sentait de plus en plus prisonnier – comme dans certains pays qui deviennent un asile forcé et même un asile de force. De surcroît, trois créatures maudites, trois femmes vampires, le surveillent (amoureusement ?) tandis que, pour Jonathan Harker, « rien ne pouvait être plus épouvantable que ces femmes horribles qui attendaient – qui attendent – de sucer mon sang ».

Pendant ce temps, Dracula s'embarque subrepticement sur un bateau en partance pour l'Angleterre. Il se tient caché dans une caisse. Son esprit maléfique tue l'équipage de ce navire russe, appelé *Demeter*, qui arrive de Varna, après une effroyable tempête, et dont seul un chien s'échappe sur le sol anglais.

Le comte, entré en Angleterre sous cette forme, provoque une série de catastrophes : une jeune femme, Lucy Westenra (une bonne amie de Mina Murray, la fiancée du clerc Harker) tombe malade d'une anémie pernicieuse. Malgré les soins médicaux prodigués par le célèbre professeur Van Helsing d'Amsterdam, elle succombe à son mal. Vampirisée par Dracula, elle devient à son tour vampire et provoque une épidémie grave causant la mort de nombreux enfants. Mais le professeur Van Helsing a percé le mystère : il demande au fiancé de Lucy Westenra de lui transpercer le cœur avec un pieu et... l'épidémie prend fin.

Après être passé par Budapest, où sa fiancée est venue à sa rencontre pour le trouver très affaibli, Jonathan Harker s'en retourne à Londres pour y épouser sa dévouée Mina Murray. Comme cette dernière commence à souffrir de la même maladie que sa défunte amie Lucy Westenra, tout ce petit monde se met d'accord pour attaquer le mal à sa source. Ainsi Jonathan Harker, le professeur Van Helsing et plusieurs amis partent pour la Transylvanie afin de rendre inoffensif le vrai coupable : Dracula.

Arrivés, après maintes péripéties, devant le château de Dracula, le docteur Van Helsing entre dans la crypte et descelle les tombeaux de trois femmes vampires avant d'arriver à « un grand sépulcre plus seigneurial que tous les autres » : le tombeau de Dracula où « le Roi-Vampire abritait sa non-mort... » Mais le sépulcre est vide... Pour empêcher le retour de son occupant, le docteur Van Helsing, devenu superstitieux par la force des choses, y dépose « des parcelles de la Sainte Hostie ».

La journée suivante, les amis guettent les alentours du château. Ils remarquent un chariot gardé par des Tsiganes, fidèles du comte Dracula, qui contient un grand coffre rectangulaire où l'on soupçonne la présence du mort-vivant. Les surveillants deviennent assaillants et engagent un combat avec les Tsiganes, tuant l'un d'entre eux. Enfin, juste avant le crépuscule, Dracula qui gît dans le grand coffre, est transpercé par ses assaillants, à la gorge et en plein cœur, de deux poignards : « Ce fut comme un miracle : devant nos yeux et dans le temps d'un soupir, le corps tout entier se réduisit en poussière et disparut. »

Cette fin du vampire Dracula, le mort-vivant et le vampire des Carpates, rappelle, par sa violence, la fin historique de Vlad l'Empaleur. La poussière retournant, enfin, à la poussière, la malédiction des vampires tombe, car, selon les croyances populaires, c'est une malédiction grave que cette entrave sanglante sur la voie de l'éternel repos.

Quant au père putatif du vampire Dracula, Bram Stoker, il a écrit d'autres livres. Aucun ne connut une telle résonance. Stoker devait même publier, douze ans après son *Dracula*, un livre sur une voïévodine, vampire dans les Balkans du XXe siècle. Dans cet ouvrage, il prend le mythe à rebrousse-poil : la voïévodine balkanique n'est pas un véritable vampire car, enterrée par mégarde en état cataleptique, elle fait semblant, à son réveil, d'être une morte-vivante afin de préserver l'autorité de son état... Sans importance littéraire, cette... « Draculina », serait presque une caricature de Dracula. En tout cas, une pâle imitation inversée...

Avec *Dracula* de Bram Stoker, le vampire prend une dimension mythique. Mais le thème du vampire, présent depuis longtemps dans les esprits, avait déjà fait son entrée en littérature au milieu du XVIIIe siècle, ce siècle des Lumières si peu propice en apparence à accueillir un prince des Ténèbres.

Le mot apparaît dès 1748 dans un poème d'Ossenfelder, *Der Vampir*, puis dans *Lenore* de Burger (1773), *La Fiancée de Corinthe* de Goethe (1797), ainsi que dans le roman du Polonais Jan Potocki *Le Manuscrit trouvé à Saragosse* (1804). Les vampires ne sont pas alors des monstres buveurs de sang mais des apparitions fantomatiques, belles et séductrices, dont les étreintes amoureuses apportent la mort en même temps que la passion et le plaisir.

C'est à John Williams Polidori, patronné involontairement par Byron, que revient sinon l'honneur du moins l'idée de faire d'un héros voué au mal le prototype du vampire dans un roman assez mal agencé qui paraît en Angleterre en 1819. Charles Nodier le fera connaître en France et lui donnera une suite : *Lord Ruthwen ou les vampires* (1820).

Le thème du vampire sera repris par Théophile Gautier (*La Morte amoureuse*, 1871) et, en 1866, par Charles Baudelaire dans un poème funèbre et superbe : *Les Métamorphoses du vampire*. S'il faut, cependant, donner un ancêtre au Dracula de Bram Stocker, c'est dans un roman populaire anglais, *Varney the Vampire* (*Varney or the feast of blood*), qu'il faut rechercher son plus proche parent. Ce roman long, efficace, fertile en rebondissements, écrit dans un style digne, si l'on peut dire, des pires feuilletonnistes, devrait être, selon l'avis très officiel du British Museum, attribué à James Malcolm Rymer. On y trouve, sans que rien de vraiment important n'y manque, l'essentiel de l'activité du vampire telle qu'elle sera reprise par Bram Stoker.

Après Bram Stoker surgira une abondante littérature vampiresque[2], souvent pour le pire, parfois pour le meilleur. Dans cette dernière catégorie, il faut citer : *Vampire* de Hanns Heinz Ewers paru en Allemagne en 1922, très récemment publié en France, superbe récit d'amour et de mort ; le livre de Richard Matheson *Je suis une légende* (1959), qui renouvelle, en l'inversant, le thème du vampirisme ; *Les Archives de Dracula* (1971), où Raymond Rudorff s'emploie avec brio à donner à Dracula une généalogie digne de ses sanglantes capacités ; *Salem* de Stephen King (1975), inquiétant et rigoureusement mené ; et l'excellent roman d'Anne Rice, *Entretien avec un vampire* (1976), qui sera à l'origine d'un retour massif du thème du vampire aux États-Unis.

---

2. Jacques Finné, *La Bibliographie de Dracula*, Éd. L'Âge d'Homme, 1986.

Le vampire caméléon

Si le vampire est un symbole universel, le Dracula de Bram Stoker n'oublie point ses racines ethnographiques implantées dans une Transylvanie plutôt mythique. Ce Dracula respecte les lois coutumières du vampirisme : son corps n'a ni ombre ni reflet dans les miroirs, et, tel un caméléon d'un genre spécial, il peut prendre des apparences diverses – comme le Prothée de la mythologie grecque.

À l'instar de tous les vampires (au moins ceux de l'Europe centrale) il craint les symboles chrétiens : la croix, l'eau bénite, les hosties consacrées, et aussi l'ail... Cette plante qui, une fois ingurgitée, préserve traditionnellement de certaines maladies et épidémies grâce aux substances actives contre les microbes qu'elle contient, est devenue « antivampirique », du fait probablement de ses vertus curatives vraies et supposées.

Quant à l'eau bénite, très potable grâce à l'action désinfectante du basilic qui y est de coutume ajouté, elle pouvait être utilisée de façon salutaire en cas de certaines épidémies...

Des observations empiriques ont pu ainsi entraîner des croyances populaires attribuant à de tels éléments des vertus antivampiriques.

Mais outre ces remèdes traditionnels (ou plutôt ces palliatifs contre le vampirisme), les vampires tombaient en poussière s'ils étaient soumis aux rayons du soleil, aux flammes du feu, et si l'on transperçait leurs corps avec un pieu de bois...

Ces armes étaient assez dérisoires quand on sait les pouvoirs maléfiques d'un Dracula et de ses métamorphoses préférées : chauve-souris, loup, chien... Curieusement, on a oublié le chat noir qui est pourtant l'épouvantail des superstitieux (en Roumanie également) quand il coupe leur route de sa démarche féline.

Dans les romans et récits inspirés du célèbre Dracula de Stoker, on enregistre deux variétés de vampires : les prototypes, comme Dracula lui-même, et leurs victimes qui ne sont que des épigones, des vampires secondaires récupérables grâce aux exorcismes et, à la rigueur, gueris-sables en certaines circonstances.

Enfin, certains livres présentent une hiérarchie des vampires. Certains sont déchus de la condition appelée humaine et se rapprochent des animaux. D'autres sont des êtres supérieurs qui dépassent de loin le genre humain et n'ont plus rien à craindre de la symbolique religieuse ni des remèdes vulgaires comme le pieu ou l'ail.

Curieusement, l'on trouve des ouvrages sur le vampirisme qui semblent s'inspirer de l'hypothèse de Lamarck concernant les caractères acquis sous l'influence du milieu qui pourraient se transmettre par la voie de l'hérédité[3].

Selon ces hypothèses transformistes, les vampires seraient capables de s'adapter de mieux en mieux à leur milieu au cours de leur « vie » millénaire et parviendraient à une maîtrise exceptionnelle de l'ambiance matérielle. De tels vampires « évolués » deviennent une « élite », ou plutôt une oligarchie redoutable.

On retrouve même, dans cette littérature assez touffue, la querelle des anciens et des modernes... projetée dans le futur d'une évolution génétique des vampires.

Ces créatures seraient, à l'origine, des extraterrestres qui, arrivés sur notre biosphère dans des temps reculés, se seraient adaptés à l'environnement de la planète pendant leur relative immortalité. Les vampires primordiaux, les véritables vampires des premières générations, gardent des habitudes fort anciennes, pour ne pas dire archaïques, et

---

3. Au sujet de cette hypothèse caduque, on peut consulter : Denis Buican, *Histoire de la génétique et de l'évolutionnisme en France*, PUF, 1984, et *L'Évolution et les évolutionnismes*, « Que sais-je ? », PUF, 1989.

d'autant plus anachroniques : pendant la journée ils dorment dans leur bière pour ensuite voler, métamorphosés en chauve-souris, dans les ténèbres de la nuit. Les autres, plus jeunes – voire plus modernes – vivent parmi les hommes dont ils ont pris les habitudes. Ils sont devenus diurnes, la lumière ne les effraie donc plus, mais, en revanche, ils ont perdu le pouvoir de se métamorphoser... À la différence de leurs anciens, ils désirent s'intégrer à l'espèce humaine. Trahison envers leur espèce d'origine ou simple constatation d'un similaire plaisir de verser le sang chez l'homme ?

Les sciences et les techniques modernes apportent leur grain de sel au vampirisme : un jeune vampire, apparu par mutation génétique après une terrible guerre nucléaire, s'insurge contre les idées archaïques d'un vieux vampire de l'ancienne école. Pour d'autres auteurs, plus rationalistes sans doute, le vampire n'est plus un démon ni un mort-vivant mais tout simplement un homme touché par une maladie génétique fort rare et incurable qui le contraint, pour survivre, à se nourrir du sang d'autrui... Un peu comme certains malades actuels qui ont besoin de transfusions sanguines massives et réitérées pour rester en vie...

D'autres Dracula s'inscrivent dans la même ligne scientiste, voire futuriste... Les vampires seraient, par exemple, des créatures non humaines venues d'ailleurs, d'autres mondes, ou tout simplement dotées d'un métabolisme différent de celui de l'homme. Des humains, en d'autres hypothèses livresques, seraient devenus vampires à la suite de mutations et de maladies spécifiques. En plusieurs cas, la guerre atomique, avec les mutations biologiques provoquées par la radioactivité, est utilisée comme toile de fond.

Une hypothèse plus « médicale » attribue des épidémies de vampirisme, et même de peste noire (dans le passé), à un « bacillus vampiris », vecteur terrible de la propagation de ces fléaux. La troisième guerre mondiale nucléaire (hypothèse d'école) exacerbe l'activité du redoutable « bacillus vampiris », à la suite d'une mutation génétique provoquée par une radioactivité surpuissante. Seul, un homme immunisé par hasard contre la maladie grâce à une morsure de chauve-souris, peut observer la transformation de tous ses semblables en vampires en raison d'une modification essentielle de leur métabolisme. D'autres récits, laissant à l'écart la bactériologie, recourent à la génétique pour expliquer que le vampirisme n'est autre qu'une maladie héréditaire similaire au mongolisme et dont la cause est, également, une aberration chromosomique.

À côté d'extrapolations scientifiques tendant à rendre compte du vampirisme, l'on trouve, en d'autres livres, des hypothèses plus extravagantes ou ésotériques. Ainsi en est-il, par exemple, d'un docte professeur s'évertuant à montrer que le vampirisme signifie la survie, grâce au sang qui contient le « corps astral » du défunt. Selon cette théorie, ce « corps astral » ne survivrait que trois jours après la mort physique. Mais s'il peut trouver un autre être humain pour le vampiriser, alors la survie du « corps astral » n'a plus de limite[4].

Des hypothèses plus archaïques remontent jusqu'à l'Antiquité égyptienne ou grecque. Selon l'un de ces auteurs, parlant de Dracula, le vampirisme trouverait sa source dans une secte se développant au temps des pharaons, dans l'ancienne Égypte[5]. Les adorateurs de Draco, réunis en cette secte, auraient compté parmi eux Dracula lui-même qui n'aurait redécouvert, dans les livres magiques de ses ancêtres « égyptiens » (*sic*) que la moitié du secret de la vie éternelle. L'insuffisance de ses connaissances occultes fait de lui, finalement, un vampire qui répand sur la terre le vampirisme...

---

4. Dion Fortune, *Blood Lust*, Douglas, 1926.
5. Peter Fremayne, *Dracula, my love*, Magnum, 1980.

L'autre hypothèse part de l'Antiquité grecque : une secte à la recherche de l'immortalité se retrouve dans l'île d'Hydra et ritualise les sacrifices humains. Ses pratiques sanglantes attirent l'hostilité générale, et un roi, Héraclès, détruit son repaire après avoir tué la plupart de ses membres sanguinaires. Malgré tout, certains réussissent à s'échapper et reforment, en différents points du globe, cette secte d'une noire pérennité[6].

Polymorphisme des vampires

Dracula, l'archétype des vampires élaboré par Bram Stoker, pouvait prendre la forme, comme nous l'avons déjà remarqué, d'une chauve-souris, d'un loup ou d'un chien...

La chauve-souris est devenue, dans la littérature comme dans le cinématographe, le compagnon de route et de méfaits du comte Dracula et d'autres vampires.

Dans un livre où elle tient la vedette[7], un savant fou produit par une mutation génétique artificielle une espèce géante de vampire chauve-souris qui, dressée pour tuer, terrorise les citadins de New York. Contraint et forcé par un autre savant travaillant, lui, pour la bonne cause, Dracula doit partir en guerre contre ces chauves-souris géantes et malfaisantes.

Dans un roman consacré à un Dracula d'aujourd'hui, il est aussi question de chauves-souris qui, en vue d'une guerre bactériologique imminente, sont élevées en série dans des laboratoires secrets. Elles s'en échappent et contaminent la biosphère, mettant ainsi en péril la vie même de l'humanité[8].

---

6. Simon Raven, *Doctors Wear Scarlet*, Panther Books, 1972.
7. Robert Lory, *Dracula's Brothers*, Pinnacle Books, New York, 1973.
8. Alan Scott, *Project Dracula*.

Le loup est rencontré dans « L'invité de Dracula », première partie du *Journal* de Jonathan Harker, publiée en dehors de l'édition originale de Bram Stoker. Il apparaît comme une métamorphose du comte qui protège le jeune clerc dans la nuit de Walpurgis au cours du sabbat des sorcières. Le chien, ce cousin du loup, prête sa forme à Dracula quand il débarque du bateau *Demeter* sur le sol anglais. Le chat, même noir, malgré son image de compagnon de route dans la sorcellerie, se rencontre rarement dans le vampirisme. Les rats hantent parfois les contes de vampires (allusion, peut-être, à Vlad l'Empaleur qui, en sa prison, les empalait par jeu ou par habitude).

Les petits rongeurs parsèment parfois le vampirisme en Europe, peut-être grâce à leur ressemblance (les ailes en moins) avec les chauves-souris, ou en mémoire des cavernes préhistoriques où ils pouvaient mordre les blessés, les mourants, les enfants (ou même les adultes) en leur transmettant des maladies dangereuses. En Roumanie, encore aujourd'hui, les belettes et les putois ont la réputation d'égorger les poulets pour leur sucer le sang – car de tels animaux entrés dans une basse-cour tuent plus qu'ils ne mangent. Parfois on les accuse de s'attaquer aux mamelles des vaches en les mordant, afin d'empoisonner leur lait.

Après les vampires de l'air et de la terre, l'on trouve des vampires de l'eau, notamment la pieuvre légendaire qui, dans le vampirisme, joue un rôle qui n'est évidemment pas le sien. En effet, ses tentacules et ses ventouses sont loin d'être des organes censés pomper le sang des êtres vivants et ne servent aucunement à une fonction nutritive. Malgré tout, la légende de la pieuvre vampire reste tenace. La sangsue (vampire aquatique véritable) n'est pas, d'ordinaire, citée avec effroi, peut-être parce qu'elle a un rôle bénéfique dans les saignées administrées par la médecine traditionnelle.

Dans le monde des insectes, si les papillons (sauf le sphinx tête-de-mort) ont une bonne réputation, en revanche, les mantes religieuses, dont la femelle dévore l'amant, et surtout l'araignée sont des symboles de vampirisme. D'ailleurs, les toiles d'araignées sont forcément inséparables des coins obscurs du château ténébreux d'un Dracula.

Le règne animal ne détient pas le monopole du vampirisme qui peut se rencontrer, aussi, dans le monde végétal. On trouve dans la nature des plantes carnivores, mais les pires vampires végétaux se trouvent... dans la littérature.

L'écrivain H.G. Wells décrit une « étrange orchidée » qui vampirise son maître et admirateur comme une quelconque Draculina... Enfin des germes de plantes terribles peuvent arriver de l'espace, s'introduire dans le corps humain et le faire éclater comme une pastèque jetée à terre.

Plus curieusement encore, on découvre dans la littérature des objets vampires : des tableaux animés d'une vie secrète, des statues, des idoles sauvages, des poupées maudites et des maisons qui tuent...

Enfin, on peut trouver un vampirisme psychologique. Ainsi la comtesse Báthory, digne disciple du grand seigneur Dracula, investit l'esprit d'un jeune homme, arriéré mental. Celui-ci, grâce à cette possession diabolique, devient intelligent et même un brillant étudiant, ce qui n'est pas toujours la marque d'un esprit étincelant. La symbiose, pour ne pas dire le parasitisme vampirique, qui s'ensuit a cette fois-ci un côté plus positif puisque le jeune étudiant peut bénéficier de l'intelligence et de l'expérience de sa célèbre aïeule, terrible émule de Dracula, son parent et son professeur ès ténèbres.

Le célèbre comte fut parfois assaisonné à la sauce humoristique. Ainsi un roman américain[9] prend à contre-pied le Dracula classique de la fin du siècle passé. Le comte des Carpates, échappé à la mort qui lui est infligée, décide de plaider lui-même sa cause dans une autobiographie enregistrée au magnétophone et intitulée, non sans un brin de pédantisme allusif : *Apologia pro vita sua*.

Dans cette apologie de sa vie, Dracula s'inscrit en faux contre les assertions négatives le concernant. Ainsi, l'un des épisodes les plus noirs du roman de Bram Stoker montre un comte Dracula apportant aux trois femmes vampires un bébé vivant, caché dans un sac, prêt à devenir la proie de leurs dents aiguës. En réalité, il s'agissait seulement d'un cochon dont les cris auraient été confondus, par Jonathan Harker, avec ceux d'un nouveau-né...

Le clerc d'affaires, qui n'avait point l'oreille trop fine assurément, se serait mépris également sur le cri d'une femme qui, venue au château demander de l'aide pour retrouver son enfant perdu, appelait le « Maître » avec un accent désespéré. Ce qui, interprété par le jeune homme, donnait : « Monstre, donnez-moi mon enfant ! »...

Quant au terrible voyage à bord du *Demeter*, les faits s'étaient passés autrement : un marin étant par hasard tombé à l'eau, le second du navire, superstitieux et simple d'esprit, s'était affolé et avait assassiné ses coéquipiers.

Enfin, Mina Harker et son amie Lucy Westenra, loin d'être des créatures pures et immaculées, auraient beaucoup apprécié les visites nocturnes de Dracula ; en effet, Lucy n'était aucunement morte vampirisée mais plutôt affaiblie par ses nuits de débauche avec lui. Elle s'était par

---

9. Fred Sahbergen, *The Dracula Tape*, Warner Paperback Library, New York, 1975.

ailleurs éteinte à cause d'une faute médicale de Van Helsing : il lui avait ordonné de multiples transfusions sans contrôler au préalable le groupe sanguin des donneurs de rencontre.

Mina Harker trompait, elle aussi, son époux avec le comte, et les scènes macabres la concernant sont tournées en ridicule.

Quant à Dracula, il ne fut point tué et ne pouvait l'être : en effet une lame de poignard ne saurait faire office du pieu de bois, seul censé faire trépasser les vampires. Le comte se serait donc évaporé dans le brouillard, échappant à ses persécuteurs... Plus tard, Mina Harker, enceinte des œuvres de Dracula, donne naissance à des jumeaux, et le professeur Van Helsing devient lui-même vampire après son décès du fait de son échange de sang avec l'infortunée Lucy Westenra.

En ridiculisant ses ennemis, dont son père putatif Bram Stoker, Dracula devient le héros d'un pamphlet contre le roman initial de 1897. Cette démythisation – pour ne pas dire démystification – du récit passablement archaïque de la fin du siècle passé, pouvait choquer les inconditionnels de la légende noire et romantique du comte Dracula. Mais si certains zélateurs des sciences occultes se trouvèrent déçus, en revanche, tous les amateurs d'humour furent réconfortés par ces récits d'anti-légende.

Un texte plus récent, fondé sur les coupures de presse d'un journal imaginaire, *The Daily Examiner*, présente la vengeance de Bram Stoker, indigné à l'idée que son œuvre et Dracula lui-même soient ridiculisés par un nouveau film.

C'est ainsi que Bram Stoker ressuscite pour empêcher la réalisation d'un film qui parodie son roman et, pour se venger, vampirise les acteurs pendant le tournage ; mais le pauvre romancier est arrêté (considéré comme fou par la police) et emprisonné. Les ennemis du malheureux n'en restent pas là, et le Dracula historique vient, en avion, de sa Transylvanie natale, pour rétablir sa réputation malmenée par le roman de Stoker !

L'auteur emprisonné est retrouvé, un beau matin, réduit en cendres. Auprès de ses cendres, un pieu ensanglanté et une carte de visite « Greetings from Transylvania » dévoilent l'identité du comte justicier. Après avoir appliqué ainsi à Bram Stoker, selon le précepte biblique « œil pour œil, dent pour dent », le même châtiment que celui-ci lui a réservé dans son roman, Dracula, sous le pseudonyme de Mr. X., prend la résolution de rester à Londres afin d'incarner à l'écran son propre personnage dans un film rétablissant, enfin, la vérité historique.

Dans *Dracula père et fils*[10], on rencontre un personnage comique et plutôt minable, Ferdinand Poitevin, réduit à pédaler de Vannes à Argenteuil où il est veilleur de nuit, fort loin du siècle où ses parents, l'illustre Dracula et la princesse Herminie, lui ont donné le jour. Quel rejeton indigne en effet : un grand escogriffe qui, tout en couchant dans un cercueil, n'hésite pas à le brûler par une nuit de grand froid comme un clochard qui voudrait réchauffer sa carcasse.

Issu du comte Dracula, prince des vampires, et de Herminie Poitevin (« fille d'ivrogne, fille de ferme, fille de salle ») qui avait auparavant abandonné « famille et maîtres pour devenir fille de joie », Ferdinand Poitevin naît en l'an – non de grâce, mais de malédiction – 1720. Depuis lors, la nuit, la voix de son illustre père résonne à ses oreilles : « Tu es un bon fils, Ferdinand, mais il n'y a plus en toi l'ambition qui me dévorait autrefois : propager notre race et, de proche en proche, nous entourer de créatures soumises et assoiffées qui partiraient à la conquête du monde. J'ai rêvé longtemps de régner sur le globe lancé dans les éthers, de voir la terre enfin peuplée de vampires.

---

10. Claude Klotz, *Dracula père et fils*, Éd. J.-Claude Lattès, 1974.

Il semble que ce désir soit mort en toi : le sang humain qui coule dans tes veines a apaisé le désir dévorant de Dracula. »

Séparé de son père, et attiré vers Paris par le sang roturier de sa mère mortelle et décédée depuis longtemps, Ferdinand se trouve confronté à la vie vulgaire des faubourgs de l'ancienne Cité lumière. Parfois, son errance lui fait rencontrer d'étranges amis qui lui lancent des répliques extravagantes d'un pseudo-pédantisme bizarre : « ... je ne partage pas ton opinion, la force hypnotique de l'eau n'est pas une résurgence archétype d'une préhumanité aquatique, cela sous-entendrait l'apparition aux périodes précambriennes d'un inconscient extra-utérin. »

Ce qui devait être une première expérience érotique et vampirique pour Dracula fils, *alias* Ferdinand Poitevin, est désastreux. Tombé sur les « fesses éléphantes » d'une Doucette quelconque, femme à la vertu tarifée, dans la chambre minable où « aux angles du plafond les araignées se rétractent », le descendant humoristique du prince des vampires s'abandonne, et la dame entreprend de le violer en toute conscience professionnelle.

Après des aventures plus ou moins drôles, Ferdinand Poitevin se marie et mène une vie de petit-bourgeois. Sept ans après son mariage, son père, le comte Dracula, qui le « surprend bêtement, par une aube meurtrière [...] dans les bras d'une starlette arriviste, rend, sous le feu du jour, son âme errante et damnée ».

À l'âge de trois cent vingt-trois ans, Ferdinand prend enfin sa retraite, et deux ans plus tard, est emporté par une angine grippale. Avec lui « disparaissait la longue lignée des Princes de Sang. La Terre, désormais, roula dans l'espace, débarrassée des créatures de la Terrible Nuit. Et la race des Vampires disparut de la mémoire des hommes ».

L'auteur de *Dracula père et fils* enterre trop tôt, nous le montrerons plus loin, cette race des vampires, surtout en ce qui concerne les vampires politiques dont les plus grands sillonnèrent notre siècle. Son livre d'humour et, parfois, d'humeur veut jeter une ombre de dérision sur une légende tenace. Mais il n'est pas assez épais, assez dense, et glisse trop à la surface des choses pour constituer véritablement un contre-mythe capable d'empêcher l'éternel retour de Dracula.

10

Dracula, vampire de cinématographe

La première, et sans doute la plus célèbre grande image cinématographique de Dracula, est le sombre *Nosferatu le vampire*, immortalisé par Murnau en 1922. Notons que le nom contenu dans le titre du film repose sur un malentendu. « Nosferatu » est censé traduire « Diable », ou l'un de ses corollaires, en roumain ; en réalité (à moins que l'on ne considère, par méconnaissance des langues, que « Nosferatu » dérive de « Necuratu » qui est véritablement l'une des appellations du Malin) ce nom ne signifie absolument rien dans l'idiome des paysans du Danube.

Nosferatu est en réalité un pseudonyme attribué par le réalisateur à Dracula pour éviter une querelle financière liée aux droits d'auteur de l'adaptation du roman de Bram Stoker.

Julien Gracq, dans une préface d'un livre sur *Nosferatu*, a brossé brillamment l'image que ce film inoubliable lui a laissée : « Préparé de loin et annoncé à distance dans les années d'enfance par la lecture du *Château des Carpates*, agglutinant autour de ses images subjugantes tout un apport venu du roman noir et de l'opéra wagnérien, de vieux baron anglais comme de vaisseau fantôme, déréalisant définitivement les paysages de la Transylvanie, en faisant désormais une Écosse plus périlleusement hantée, promue à l'état de patrie du fantôme actif, Nosferatu a représenté pour moi, à la fois une somme et une limite, un trésor – grâce à la justesse infaillible de l'instinct poétique comme du coup d'œil plastique – presque simultanément, en cette période pionnière du cinéma, découvert, exploité, et épuisé[1]. »

Le décorateur du film de Murnau, Albin Grau, raconte qu'en 1916, pendant la guerre, en Serbie, il avait eu vent d'un cas de vampirisme qui se serait déroulé en Roumanie et de l'exorcisme qui s'était ensuivi : « ... Lorsqu'on eut déterré le susdit Morovitch, on le trouva d'une couleur parfaitement saine, sans aucune trace de putréfaction, comme s'il dormait. La bouche était à demi ouverte parce que les dents devenues étonnamment longues et pointues ne permettaient plus qu'elle se fermât. Après que l'ecclésiastique présent eut dit trois *Notre-Père*, on planta un pieu dans le cœur du vampire, sur quoi il trépassa en poussant de grands gémissements. On brûla son corps et les cendres furent dispersées aux quatre vents[2]. »

Apparemment, Albin Grau croit en la puissance des vampires, conforté en cela, si l'on ose dire, par la terreur de la guerre où tant de sang fut versé, « ce monstrueux événement qui s'est abattu sur la terre comme un vampire cosmique pour boire le sang de millions et de millions d'hommes »... Et ce membre de l'équipe qui devait tourner *Nosferatu le vampire* était loin d'envisager les horreurs encore plus terribles de la Seconde Guerre mondiale...

Le film de Murnau doit sans doute un surplus d'horreur à l'expérience épouvantable d'une guerre encore toute récente.

Le château du comte Orlok, *alias* Nosferatu (notre vieille connaissance Dracula), est un nid d'horreur plongeant

1. M. Bouvier, J. Leutrat, *Nosferatu*, préface de Julien Gracq, p. 10. Éd. Gallimard, 1981.
2. *Ibid.*, *in* Albin Grau, *Vampires*.

dans des abîmes géologiques suggérant les ténèbres psychologiques du personnage, à la fois grotesque et effrayant...

Embarqué sur un bateau dans un port de la mer Noire, la bien nommée, Nosferatu se dirige vers Brême... et non vers Londres comme Dracula, son *alter ego*, dans le roman de Bram Stoker : « En Nosferatu même, le mort et le vivant se confondent ; à sa contraction initiale (le comte Orlok, aristocrate transylvanien présenté comme un Shylock des Carpates) s'oppose son "expansion" sur le *Demeter*, lorsque, maître du navire, il en commande la marche. Tout obstacle révèle face à cette force une irrémédiable faiblesse : inutilité des portes, de la présence des amis (Ellen), des gardiens (pour Knock), des liens (pour le capitaine qui s'attache au gouvernail comme Ulysse au mât de son navire). Le professeur Bulwer et sa science sont impuissants. Les barrières tombent[3]. »

Ce film, qui eut son visa de censure le 16 décembre 1921 mais fut déclaré interdit aux mineurs, s'inspire directement, malgré le changement de nom des personnages et des lieux, du roman de Bram Stoker. Mais, comme la femme de celui-ci en possédait les droits, il fallait esquiver l'interdiction en masquant, si cela était possible, la véritable source, le *Dracula* de 1897. Un procès intenté par la veuve de Stoker amena toutefois la destruction de l'original du film, ce qui contribua encore à sa légende.

Dans le film, Nosferatu arrive à Brême en 1838 et répand la peste dans la ville. Auparavant, Knock (autre nom de Renfield), agent immobilier de Brême, a reçu une lettre bizarrement calligraphiée de la part du comte Orlok, *alias* Nosferatu. En toute hâte, il lui dépêche un messager en Transylvanie ; celui-ci, le clerc Hutter (le double de Jonathan Harker) s'approche non sans angoisse du château de Nosferatu où il est conduit par un cocher qui affiche une

3. M. Bouvier, J. Leutrat, *op. cit.*

mine inquiétante. Cette séquence, accélérée à l'écran, se veut effrayante mais, par ses boursouflures, elle sombre, comme d'autres scènes du film, dans une sorte de comique sans doute involontaire.

Au château de Nosferatu, le jeune clerc vit une nuit de terreur et, pendant ce temps, à Brême, sa femme Ellen (l'*alter ego* de Mina Harker) connaît, par télépathie, le danger qu'il court. Auparavant, Hutter a découvert, un beau matin, deux morsures à la base de son cou. En bon rationaliste, il les attribue aux moustiques. Devenu toutefois méfiant et vigilant, il surprend Nosferatu dans un cercueil et constate le départ hâtif de plusieurs caisses pleines de terre vers le port d'où un navire doit se rendre à Brême.

Dans cette ville du nord de l'Allemagne, le professeur Bulwer (le double de Van Helsing) donne un cours à ses étudiants sur les plantes carnivores, donc sur les fleurs vampires. Pendant ce temps, sur le bateau qui amène Nosferatu vers Brême, l'équipage est victime d'une maladie qui, en réalité, porte la signature du vampire. Le second du navire, méfiant, descend examiner les caisses de terre embarquées. Il tombe, parmi les rats, sur le cercueil de Nosferatu. Celui-ci en surgit, terrible fantôme, pour le terroriser.

Dans le port de Brême où le bateau arrive avec son commandant mort et enchaîné à la barre, Nosferatu s'échappe et commence ses méfaits. C'est compter sans le sacrifice d'Ellen, la fiancée de Hutter, qui a lu dans un livre consacré aux vampires le moyen d'anéantir Nosferatu. S'offrant en victime consentante, elle retient le vampire jusqu'à l'aube où les rayons du soleil provoquent la disparition définitive du prince des ténèbres.

On voit donc que le *Nosferatu* de Murnau suit de près le *Dracula* de Bram Stoker. Murnau n'a pas donné, évidemment, dans ce film, la pleine mesure de son talent.

Il néglige, comme d'autres réalisateurs allemands de l'époque, d'utiliser certains décors expressionnistes, en leur préférant un château en dur et de vrais décors naturels. Le jeu des acteurs, parfois remarquable, cède, trop souvent, à des outrances qui, si ce n'était le tragique de la situation, pourraient prêter à rire.

Malgré ces outrances – ou peut-être, parfois, à cause d'elles –, *Nosferatu* reste un ouvrage de référence et une source intarissable d'inspiration pour les metteurs en scène.

Ce film consacré à Nosferatu joue beaucoup – comme jadis la peinture de Rembrandt, mais en plus aigu et parfois même en suraigu – sur le clair-obscur. Dans le château de Nosferatu, le jeune clerc se trouve comme au fond d'un tunnel de lumière envahi peu à peu par l'obscurité avoisinante. Une sorte de spot lumineux accompagne les apparitions de Nosferatu, sur le bateau, par exemple, au moment où il saute de son cercueil pour terrasser le second du navire. La silhouette de Nosferatu évoque, paradoxalement, en même temps un infra-être, voire un animal, et un robot ou la marionnette dégingandée d'un théâtre d'horreur.

Dans la séquence finale, Nosferatu, retenu par la femme du jeune clerc jusqu'au fatal chant du coq, tombe dans les rêts de la lumière, recroquevillé sur lui-même pour se dissoudre en une clarté solaire triomphante qui vampirise ses ténèbres.

Les objets sont souvent comme préadaptés à l'espace qu'ils occupent. Voir, par exemple, l'univers médiéval du château du comte Orlok (des portes qui s'ouvrent toutes seules, des angles inquiétants), ou cette ville aux rues sombres et aux maisons menaçantes – pour ne rien dire du navire qui, avec Dracula, emporte l'épidémie noire vers Brême...

À propos d'un film de Dreyer, intitulé *Vampyr*, Julien Green devait noter, le 12 octobre 1932, dans son *Journal* :

« Le film est macabre sans être mystérieux. Toutefois, l'enterrement vu de l'intérieur du cercueil est admirablement réussi. Par malheur, l'acteur qui tient le rôle du vampire joue si gauchement et avec une mine si étonnée, que le public éclate de rire chaque fois qu'il paraît. Il ressemble, dans son cercueil, à un gros lapin terrifié. Quand on pense aux innombrables trouvailles de *Nosferatu*, au carrosse noir dans la montagne, au pont des fantômes, aux chevaux qui s'ébrouent à l'aube, dans la prairie, au glissement du bateau noir qui porte le vampire sur les eaux du canal désert, on est tenté de croire que les metteurs en scène ont perdu le sens du fantastique et que Murnau était seul à savoir faire un film de ce genre. »

D'autres Dracula à l'écran

Après *Nosferatu, le vampire*, la carrière de Dracula sur les écrans devait s'avérer longue et trop... fertile[4]... Parmi ces avatars cinématographiques, l'on trouve des films noirs et parfois d'humour noir (ou d'humour tout court) assez réussis. Mais il en est d'autres où le déluge d'hémoglobine tombe sur un désert d'idées.

Après *Nosferatu, le vampire*, film muet, et d'autres qui le suivirent sans se faire vraiment remarquer, l'on retrouve Dracula en 1931, grâce à Tod Browning qui travaille pour Universal. Dans ce film qui fit la célébrité de son metteur en scène (alors qu'il n'a rien d'exceptionnel), Dracula est incarné par l'acteur Bela Lugosi, Hongrois d'origine, devenu célèbre grâce au cinématographe, mais dont le succès se confirmera plus tard dans l'adaptation théâtrale.

4. Pour plus de détails l'on peut consulter : Barrie Pattisson, Éd. Marc Minoustchine, 1976.

Bela Lugosi, interprète confirmé de films d'horreur, comme ceux du cycle de Frankestein, semble moins à l'aise dans son rôle de Dracula. Il n'a pas droit aux meilleurs décors ni à des images trop... fantastiques. Seule une chauve-souris représente le traditionnel bestiaire du comte...

Malgré la relative pauvreté des moyens d'expression cinématographiques, ce film assura fort bien la célébrité de cet acteur. Les films d'épouvante dont il est la vedette restent (avec ceux où s'illustre Boris Karloff) les plus notables de la production d'Universal en dépit de leurs défauts.

Une autre maison, la Columbia, produisit en 1944 un film de Landers, intitulé *Le Retour du vampire*. Le rôle principal y est tenu par le même Bela Lugosi : acteur voué, entre-temps, aux films de série B.

Dans cette nouvelle hyspostase cinématographique, le tombeau du vampire (Armand Tesla) est découvert à la suite des bombardements de la dernière guerre mondiale. Des gens inconscients du danger lui enlèvent le pieu enfoncé dans son cœur, et libérant ainsi le vampire, qui, avant d'être identifié et annihilé va, évidemment, faire des siennes.

Dans cette réalisation, pour la première fois, l'on assiste à la rencontre d'un vampire avec un lycantrope, un loup-garou. Des effets spéciaux remarquables suivent la métamorphose de l'homme en loup-garou, tandis que la fin ménage stupeur et effroi : le loup-garou emporte à l'aube le vampire qu'il tient entre ses crocs ; sous l'effet des premiers rayons du soleil, le visage du vampire se met à fondre. C'est une scène inoubliable, parfaitement terrifiante. Elle fut obtenue en faisant fondre un masque de cire sur un crâne humain. La censure britannique, choquée par un tel réalisme macabre, s'en émut. L'horrible séquence fut remplacée par une autre, plus classique : le vampire Tesla y est frappé, droit au cœur, par un – désormais banal – pieu.

À la même époque, la compagnie Universal, toujours elle, produit *Le Fils de Dracula*, réalisé par Robert Siodmak. L'acteur Lou Chaney Junior incarne le comte Alucard (anagramme de Dracula). La mise en scène provoque une atmosphère ténébreuse, depuis l'étrange main qui dévoile le générique en arrachant des toiles d'araignées, jusqu'à une séquence empreinte d'une sorte de magie noire où Dracula, dans une forêt, fait remonter son propre cercueil du fond d'un marécage.

D'autres films, moins réussis, s'efforcent de rassembler plusieurs monstres : Dracula et Frankenstein, par exemple, dans *La Maison de Dracula* ou *La Maison de Frankenstein*. Mais la rencontre Dracula – Frankenstein n'inspire guère les scénaristes et réalisateurs. On trouve toutefois, dans certains films, des trucages fort réussis. Comme celui, resté célèbre, où Dracula se métamorphose en chauve-souris de dessin animé, essayant ainsi d'échapper à la fougue d'un loup-garou qui, le tenant dans ses griffes, s'élance d'un parapet pour tomber avec sa proie dans la mer en un formidable tourbillon.

De son côté, la Grande-Bretagne, dont « l'establishment » cinématographique avait regardé longtemps avec condescendance la production « vampiresque » des films américains, se lança enfin, avec la compagnie Hammer Films, dans des coproductions anglo-américaines de ce genre souvent contesté et, parfois, contestable. Ainsi parut *Horror of Dracula* sous la houlette de Terence Fisher. En cette fin des années cinquante, le nouveau Dracula qui s'impose à l'écran est Christopher Lee. L'acteur, jusqu'ici interprète de petits rôles, devient célèbre grâce au comte qui le prend sous ses ailes de chauve-souris. Christopher Lee, bien de sa personne, est grimé et doté de longs crocs qui ne firent qu'accroître son charme ténébreux auprès de la gent féminine fréquentant les salles obscures.

Après le succès de son premier film, Christopher Lee incarna « le Prince des Ténèbres » dans six autres films produits entre 1965 et 1972. Ces versions cinématographiques de Dracula comptent plusieurs morts et résurrections. Ainsi, Dracula décomposé par les rayons du soleil dans *Le Cauchemar de Dracula*, ressuscite dans *Dracula, prince des ténèbres* grâce à un bain de sang qui rappelle, historiquement parlant, la célèbre comtesse hongroise Báthory...

Christopher Lee, avec ses regards effrayants (ses yeux sont munis de lentilles de contact rouges ou jaunes), n'est souvent qu'un faire-valoir de quelques autres personnages. Mais, parfois, il met en relief certaines situations sociales. Dans le film *Une messe pour Dracula*, il s'attaque à l'hypocrisie de l'époque victorienne, toujours plus ou moins en vigueur, l'hospice (dont les murs sont couverts de citations bibliques) se révèle être un bordel, et le père si sévère, le patron d'un syndicat pour ne pas dire d'une mafia du vice.

Un autre film se voulait critique sur le plan social : c'est *Dracula vit encore à Londres*. Il comporte un certain nombre de scènes assez réussies. Que l'on songe, par exemple, à cette séquence où les services de renseignements britanniques (qui avaient besoin de rehausser leurs mérites au cinéma, faute de pouvoir le faire dans la réalité) découvrent un clan d'illustres personnalités s'adonnant à d'horribles cérémonies dans un manoir isolé. Perdant espoir de vaincre en ce bas monde, le but de Dracula devient tout simplement de détruire le monde.

Quant à l'acteur Christopher Lee, on eût souhaité qu'il trouvât d'autres lumières, sur la personnalité de Dracula, que celles proposées par les mandarins de Hammer Films Company. Il s'écoule environ huit ans entre son premier Dracula et sa deuxième apparition dans ce rôle éprouvant.

En fait, Christopher Lee souhaitait alors renoncer à jouer ce personnage. Faut-il voir une trace de cette intention dans *Dracula vit encore à Londres* dans lequel le prince des ténèbres est hanté par la tentation du suicide ? Ne formule-t-il pas le vœu de voir toute la biosphère anéantie par une terrible épidémie de peste, ce qui le priverait ainsi de sa dose habituelle de sang ?

Beaucoup d'hémoglobine devait encore couler sur les écrans avant que n'y apparaisse, en 1967, *Le Bal des vampires*, réalisé en Angleterre par Roman Polanski. Ici, l'humour métamorphose l'hémoglobine en sauce tomate et c'est tant mieux pour le spectateur.

Dans ce film, le professeur Abronsius et son assistant Alfred, incarné par le metteur en scène lui-même, devinent la présence des vampires en découvrant l'attitude craintive des villageois. Alfred est le témoin impuissant du rapt de Sarah, la fille de l'aubergiste, par le sinistre comte Krolock, autre substitut de Dracula, qui enlève la jeune fille alors qu'elle prend son bain ; la baignoire ne garde que de la mousse éclaboussée de sang... L'aubergiste, le père de Sarah (interprétée par Sharon Tate, la femme de Polanski, qui devait trouver une fin tragique aux États-Unis), part à sa recherche, mais il est découvert au matin, marqué par les morsures du vampire, et complètement gelé.

Le vieux professeur Abronsius et son jeune assistant se rendent alors au château du comte où ils se retrouvent enfermés. La situation est d'autant plus grave que le fils du terrible comte tombe amoureux de Roman Polanski, c'est-à-dire d'Alfred, qui réussit, malgré tout, à garder la vie sauve en enfonçant dans la bouche de son terrible soupirant, un livre consacré à... l'art de faire la cour !

La scène la plus célèbre reste celle du bal des vampires (filmée en noir et blanc) où le professeur et son assistant tentent de s'évader du château avec Sarah retrouvée. Seuls « vivants », ils sont démasqués par leur reflet dans un miroir de la salle de bal : le metteur en scène réalisa cette illusion cinématographique en faisant jouer des doublures face aux acteurs. Malgré tout, les trois personnages réussissent à s'enfuir, pourchassés par un terrible bossu glissant sur leurs traces dans une luge-cercueil. Mais ils ne peuvent s'évader car, une fois touchés par le cercle maudit, ils doivent reprendre eux-mêmes le flambeau du vampirisme.

Le mérite du film de Roman Polanski est d'avoir mis en scène un autre Dracula, différent du classique, en ménageant des effets de surprise, le tout baigné par un humour souvent de qualité.

Les États-Unis et l'Angleterre ne restent pas longtemps seuls propriétaires cinématographiques de la mythologie du vampire. D'autres pays s'y intéressent comme l'Italie, l'Espagne, le Mexique, les Philippines, etc.

En France, le film de Roger Vadim *Et mourir de plaisir* (1960), adaptation très libre de *Carmilla* de J.F. Le Fanu, ne mérite guère que l'on s'en souvienne. Alors que, présenté la même année, *Le Masque du Démon* de l'Italien Mario Bava, tourné en noir et blanc, reste pour les cinéphiles un pur joyau.

Il faut réserver une place à part au film franco-allemand de Werner Herzog, *Nosferatu* (1979), avec Klaus Kinski et Isabelle Adjani. Le film, remake du *Nosferatu le vampire* de Murnau, est sans doute l'une des adaptations les plus émouvantes du roman de Bram Stoker. Klaus Kinski, s'inspirant du maquillage de Max Schreck dans le film de Murnau, apparaît avec un visage d'outre-tombe. Nosferatu, âme en exil, isolé dans une solitude cruelle, meurt d'amour et dans le désespoir de ne pouvoir rejoindre le monde des vivants.

La même année, le film de John Badham avec Franck Langetta dans le rôle de Dracula, Laurence Olivier et Kate Nelligan, propose une variation nouvelle et superbe du mythe de Dracula : un héros jeune et romantique, passionné, sensuel, un amant qui réunit les charmes du surnaturel et de l'humain.

Ce sont, sans nul doute, les deux meilleurs avatars cinématographiques de Dracula avant que Francis Ford Coppola n'en offre en 1992 une version qui se présente comme d'une fidélité absolue à l'œuvre de Bram Stoker.

11

Dernières tribulations du vampire

Les mystères de Transylvanie ont inspiré à Jules Verne, avant même que ne paraisse le roman de Bram Stoker, *Le Château des Carpates*. La « fée-électricité » (un aristocrate a « emboîté » dans son cerveau l'image et la voix sublime de sa défunte bien-aimée) semble préfigurer des obsessions redevables à Éros et Thanatos qu'un Dracula n'aurait point désavouées.

La vision de Jules Verne peut apparaître à certains plus datée que celle de Stoker. Mais cet auteur offre des explications plus rationnelles, voire plus scientifiques, des « miracles » qu'il propose à notre imagination. Le mythe de Dracula, lui, revigoré par le sang éternel du rêve-cauchemar, ne souffre guère la concurrence par rapport aux découvertes expérimentales et leurs éventuelles retombées futures. L'imaginaire du mythe garde une éternité interdite à l'imaginaire de la science-fiction (laquelle risque à tout moment d'être dépassée).

Le dernier et déjà fameux film sur Dracula de Francis Ford Coppola ajoute un fleuron aux tribulations cinématographiques du mythe du vampire, marquant ainsi son éternel retour dans un scénario élaboré par James Hart.

Coppola a voulu renouer avec le Dracula originel de Bram Stoker, s'efforçant d'oublier la plupart des interprétations cinématographiques ou livresques qui ont précédé sa version.

Dans l'homme et le créateur, il faut toujours chercher l'enfant issu du patrimoine héréditaire qui est le sien et l'environnement de l'aube de sa vie. Francis Ford Coppola raconte à ce propos que la source initiale de son Dracula est liée à son adolescence. Lors d'un séjour en colonie de vacances, alors qu'il ébauchait le projet d'un théâtre pour jeunes, il endormait les enfants qui lui étaient confiés en leur lisant le récit de Bram Stoker.

Coppola semble avoir retenu du roman de Stoker non seulement les arabesques du combat lumières/ténèbres (le bien contre le mal) mais aussi la peur du royaume de la mort, avec ses revenants vampires.

Le film commence avec la scène de l'autodamnation de Dracula. On sait qu'au retour de guerre, celui-ci trouve sa bien-aimée morte : elle s'est suicidée à la suite d'un message mensonger, reçu à la pointe d'une flèche, lui annonçant la mort (fausse) de son prince.

Nul doute que Coppola se soit inspiré d'un épisode (légendaire ou non) de la vie de Vlad l'Empaleur. Nous avons raconté en détail cet épisode, et l'analogie est frappante.

Coppola a certes modifié à sa guise ce point de départ légendaire qui, grâce à lui, devient un symbole de l'éternel amour, damné, mais non jusqu'à la fin du monde. Mais si le suicide est condamné dans la religion chrétienne, alors Dracula a de quoi crier au ciel son désespoir. Ne s'estime-t-il pas croisé et combattant valeureux de la chrétienté ? Voilà donc qui l'amène à défier la croix pour laquelle il a combattu jusque-là.

Cette licence à la fois cinématographique et poétique, par rapport à la légende originelle, permet à Coppola d'évoquer Vlad l'Empaleur comme un homme persécuté par le destin. Endurci pour l'éternité, il devient à son tour persécuteur.

Une telle interprétation est valable, nous l'avons vu, pour

le personnage historique. Ce qui est arrivé à son père et à ses frères (nous avons, dans les chapitres précédents, longuement épilogué là-dessus) l'a endurci. Son penchant naturel au sadisme a fait le reste...

Dans la réalisation de Coppola, le personnage est à la fois damné et sauvé par l'amour. La scène de l'autodamnation est en elle-même d'un éclat exceptionnel. Vlad l'Empaleur, révolté, se voue aux forces des ténèbres, devenant ainsi le Dracula de la légende de Bram Stoker.

La symbolique de la malédiction initiale de Dracula est rehaussée par les ors et les fastes des cérémonies de l'Église orthodoxe (on entend parfois des bribes de roumain dans les cantiques religieux). Vlad, bousculant ceux qu'il est presque en droit de considérer comme des prêtres traîtres, plante sa dague dans le grand crucifix. Il signe ainsi son entrée dans les ténèbres extérieures... pour une éternité provisoire.

Le spectacle de ce prince révolté et blasphématoire n'est pas sans rappeler une autre scène éprouvante, enregistrée sur magnétophone, et qui figure dans *Entretien avec un vampire* d'Anne Rice : « Les chandeliers d'or brillaient sur l'autel ; une riche fleur blanche de chrysanthème s'inclina soudain sur sa tige ; sur les pétales serrés luisaient de petites gouttes d'eau ; une odeur sure émanait des vases, des autels et des autels latéraux, des statues de la Vierge, du Christ et des saints. Leurs profils sans vie, leurs yeux fixes, leurs mains vides, leurs plis pétrifiés m'hypnotisèrent tout à coup. Puis mon corps fut pris d'une convulsion si violente que je plongeai en avant, me retenant d'une main au banc de devant. C'était un cimetière de formes mortes, d'effigies funéraires et d'anges de pierre. Relevant la tête, je me vis, de la façon la plus tangible, en train de gravir les marches de l'autel, d'ouvrir le petit tabernacle sacro-saint, d'atteindre de mes mains monstrueuses le ciboire consacré, de prendre le Corps du Christ et de semer sur le tapis ses blanches hosties. Puis de marcher sur l'aliment sacré, de long en large devant l'autel, afin de donner la sainte communion à la poussière. Je me levai et restai debout, entre les bancs, à contempler cette vision. J'en savais parfaitement le sens. » Car selon le témoignage de ce vampire : « Dieu n'habitait pas cette église ; ces statues ne donnaient qu'une image du néant. Il n'y avait, en cette cathédrale, d'autre présence surnaturelle que la mienne. J'étais la seule chose immortelle et consciente sous ce toit ! Solitude ! Solitude à sombrer dans la folie. Dans ma vision, la cathédrale s'écroula ; les saints tanguèrent et s'effondrèrent. Les rats, nichés sur les rebords de pierre, mangeaient la sainte eucharistie [1]. »

Le trop-plein des cathédrales et des temples remplis de statues, d'icônes, sourd aux malheurs du monde pénétrant étouffé par l'atmosphère de l'encens, de la myrrhe et de l'or, avait révolté le Vlad l'Empaleur de Coppola mais, aussi, le vampire d'Anne Rice. L'un comme l'autre, en souillant les symboles sacrés de la croyance religieuse, sont devenus des morts-vivants – des enfants des ténèbres – puisque rejetés par une lumière qui leur fut refusée.

Toute la quête multiséculaire du Dracula de Coppola, entre l'autodamnation et l'illumination finale, se trouve sous le signe d'un amour ivre de vie mais se nourrissant de sang et de mort.

La destinée de Dracula et de sa fiancée rappelle, en beaucoup plus ténébreux, le mythe antique d'Amour et Psyché qui, après bien des tribulations et des malheurs, purent enfin se rencontrer dans l'éternité des dieux. Mais la clarté classique du mythe reste enténébrée par le côté diabolique de Dracula et par l'addition de la métempsycose, cette transmigration des âmes d'un corps à l'autre à

---

1. Anne Rice, *Entretien avec un vampire*, Presses Pocket, 1992, p. 197.

travers les générations successives dont parlent les croyances de l'Inde et de l'ancienne Égypte.

Morts-vivants et métempsycose

Dans le film de Coppola s'enchevêtrent plusieurs types de mythes et de mythologies. Nous avons déjà parlé de la damnation des âmes dans l'acception chrétienne du terme. Mais les morts-vivants, qu'ils soient vampires ou non, remontent, en tant que tradition, aux bribes des religions animistes. Ils sont présents aux origines de l'espèce humaine et, *a priori*, symbolisent la crainte face aux êtres dangereux cachés par les ténèbres : Dracula, le vampire, en est un parangon... Cependant Mina, sa fiancée, vient de l'ancienne tradition de la métempsycose.

Donc, deux mythes s'entrechoquent, celui du mort-vivant caractérisant le vampire Dracula et celui de la transmigration des âmes concernant sa fiancée Mina. Ils se réunissent dans le film de Coppola pour expliquer la rencontre, somme toute surnaturelle, entre l'ancien prince roumain et sa bien-aimée du temps jadis... Le triomphe final de la lumière sur les forces des ténèbres.

Les morts-vivants devenus vampires sont, selon la tradition roumaine, des damnés qui ne peuvent trouver la paix de la mort mais se réveillent couverts par les ténèbres de la nuit pour accomplir leur éternel calvaire. Ce calvaire du mort-vivant rappelle les avatars de la transmigration des âmes de la métempsycose, et notamment du bouddhisme, pour lequel la réincarnation est un châtiment : « N'ayant pas fait du bien mais ayant fait du mal, dès que je fus décédé ici-bas je renaquis dans le domaine des revenants où je fus affligé par la faim et la soif. Il y a cinquante ans que je suis mort[2]. » Mais, pour la sagesse de Bouddha, toute renaissance, dans ce bas-monde qui n'est qu'une vallée de larmes, est liée à la souffrance. Nirvâna, l'extinction du monde, est la délivrance des chaînes du désir, de la haine, de l'erreur et enfin de la soif de vivre, source de malheur.

Schopenhauer, lointain admirateur de Bouddha et adepte de l'hypothèse d'un « vouloir-vivre » universel qu'il condamne d'ailleurs, décrit en des termes horribles la lutte pour l'existence (*struggle for life*, comme dirait Darwin) : « L'obligation pour chacun d'être tour à tour chasseur et gibier, tumulte, privation, misère et angoisse, cris et hurlements, voilà tout ce qui nous apparaît ; et tout cela continuera ainsi, *in secula seculorum*, ou jusqu'à ce que l'écorce de notre planète vienne encore une fois à éclater. » Et le philosophe parle d'une scène d'enfer animal observée à Java, où l'on trouve « ... les squelettes de grandes tortues, longues de cinq pieds, larges et hautes de trois, qui, au sortir de la mer, prennent ce chemin pour aller déposer leurs œufs ; elles sont alors assaillies par des chiens sauvages [...] qui, réunis en troupes, les renversent sur le dos, leur arrachent la carapace inférieure, les petites écailles du ventre, et les dévorent ainsi, toutes vivantes. Mais souvent, alors, un tigre se précipite sur les chiens. Cette désolation se répète des milliers et des milliers de fois, d'année en année. Est-ce donc pour cela que naissent ces tortues ? Quel crime leur vaut un tel supplice ? Pourquoi toutes ces scènes d'horreur ? Il n'y a à cette question qu'une seule réponse : ainsi s'objective le vouloir-vivre[3] ».

Une telle scène naturelle, digne des champs de pals et des empalés de Dracula, rappelle aussi, dans ses jeux de

2. André Bareau, *En suivant Bouddha*, Philippe Lebaud, 1985.
3. Schopenhauer, *Le Monde comme volonté et comme représentation*, PUF, 1976.

massacre, les camps de la mort et les goulags terribles de notre siècle... Ce qui amène Schopenhauer à sa « théorie de la négation du vouloir-vivre », d'une vie qui, pour survivre, se vampirise elle-même dans un éternel retour des massacres inévitables. Or, un Dracula dont la figure s'humanise enfin dans la scène finale du film de Coppola représente, peut-être, cette suprême délivrance du mort-vivant de ce qui lui restait de vie diabolique pour retourner à la paix de la poussière primordiale.

Le « vouloir-vivre » de toute espèce biologique dont parlait Schopenhauer ou, pour s'exprimer en des termes scientifiques, l'instinct de conservation, est à jamais lié à l'instinct de reproduction, donc à l'amour. Et l'amour est couplé au sang de la fille qui perd sa virginité et des cycles périodiques caractérisant la vie sexuelle de la femme. Sans doute que de tels rapports, en même temps subconscients et alambiqués, ont pu contribuer à l'association, dans l'imaginaire humain d'où sortent les vampires, de la soif d'amour éternel avec la soif de sang caractéristique d'un érotisme non dépourvu d'un certain penchant vers le sado-masochisme.

Mais dans le film de Coppola, non seulement les crépuscules enténébrés semblent prendre les couleurs de l'aube, mais même l'amour du Prince sanglant, s'il ne devient guère le Prince charmant, paraît nimbé d'une lumière surprenante, de cette pluie de lumière qui baigne, malgré tout, l'instant d'éternité de *Roméo et Juliette* du démiurge Shakespeare.

La métempsycose de Mina et le mort-vivant perpétuel qu'est devenu Vlad l'Empaleur se réalisent, à travers les siècles, grâce à un bizarre « vouloir-vivre » les attirant comme un aimant l'un vers l'autre... Soif inextinguible d'éternel amour...

Avec les autres femmes, Dracula est le vampire sadique qui leur ôte, avec le sang, la vie. Avec Mina, image de son amour éternel, il perd, au propre comme au figuré, ses canines, jusqu'à la transfiguration dernière quand, au seuil de la mort, il retrouve la figure humaine de sa jeunesse.

Certaines scènes du film de Coppola ne sont pas sans rappeler des messes noires, voire une eucharistie *sui generis*, quand Dracula semble s'écarteler en croix, ou quand ses victimes, devenues consentantes, s'abreuvent, elles aussi, de son sang. Il s'agit sans doute du geste de toutes les communions et de tous les dangers, car une telle communion de sang apparaît comme une inversion satanique de l'Eucharistie.

L'Eucharistie, la transsubstantiation du vin en sang et du pain en chair de Jésus de Nazareth, selon le symbole de la Cène, a fait croire – ou fait feindre de croire – à certains ennemis antiques et persécuteurs des chrétiens que ceux-ci étaient des cannibales. Dans leurs agapes, ils se seraient abreuvés de sang humain, devenant donc des vampires et des anthropophages.

Bien que l'accusation directe de cannibalisme soit manifestement abusive, le dogme de la transsubstantiation apporte la preuve symbolique que Jésus, sacrifié comme bouc émissaire des péchés du monde sur la croix, a offert son sang et son corps aux chrétiens, notamment à ceux qui croyaient en sa présence réelle dans l'Eucharistie.

Si le sang de Jésus sauve, celui de Dracula perd les âmes... Sang de lumière contre sang des ténèbres... Beaucoup de films et de livres inspirés par Dracula montrent la crainte et la haine du vampire pour la croix, l'hostie consacrée... mais, aussi, pour l'ail qui, dans la tradition populaire, peut offrir un remède, au moins plus sûr que ceux de la tristement célèbre Rika Zaraï, contre certaines maladies.

Le mythe du sang qui peut sauver ou damner a resurgi encore une fois devant l'humanité, à cause du sida. En effet, cette maladie transmise par le sang fut interprétée, au moins par certains arriérés, comme un fléau du ciel destiné à châtier les débauchés de tout poil, et comme une sorte de réédition, au niveau moléculaire, de la destruction spectaculaire de Sodome et Gomorrhe...

Cette fois, le vampire est un minuscule virus dont les lettres du patrimoine génétique mutées à l'envers, par hasard ou non, ont enclenché et déclenché, microscopique serpent vampire de la mort, une terrible tempête dans le cerveau reptilien de l'homme, avec sa tendance à envahir et à noyer dans son propre sang altéré le néocortex.

Le sida trouve, même dans l'imaginaire populaire, des vampires ministres et fonctionnaires de haute volée qui, par des transfusions rentables avec du sang contaminé, ont ouvert, volontairement ou non, la voie au vol nocturne des chauves-souris de Dracula. L'holocauste des hémophiles sur l'autel du Veau d'or, grâce à un système d'État coupable et/ou déliquescent, suscita un grand scandale, sans doute aussi parce qu'il s'agissait de sang.

Ce type de métempsycose naturelle, de transmigration des maladies véhiculées par le sang d'une personne à l'autre et d'un siècle à l'autre, n'est pas sans rappeler, en symbolique, les vampires souvent associés aux chauves-souris et aux rats porteurs de graves épidémies, et qui accompagnent même le dernier Dracula, fils adoptif de Coppola.

Les vampires dans tous leurs états

Dans les dernières quinze années on remarque, parfois, une sorte de vampirisme de masse : les vampires, comme les loups les accompagnant dans certains films et légendes, commencent à s'attaquer en meutes à leurs victimes... Ainsi, par exemple, *Soif de sang* (1979), dû au cinéaste australien Roy Hardy et disponible seulement en vidéocassette, brosse une parabole sociale où une société secrète (qui pourrait préfigurer un service spécial) fort bien organisée ritualise le cannibalisme et le vampirisme en consommant le sang conservé dans des bouteilles de lait... Et pour cela, ses membres s'affublent de fausses canines, pour officier dans une bizarre cène noire...

Les Vampires de Salem, film de Tobe Hooper inspiré par Stephen King, raconte, en 1980, l'invasion d'une ville américaine par un nuage de ces créatures malfaisantes. Dans un autre film de 1984, intitulé *Life Force*, on peut voir le spectacle hallucinant d'une terre sur laquelle des vampires de l'espace tombent ainsi qu'une pluie de sauterelles, rappelant le célèbre fléau biblique de l'Égypte...

Dans deux films consacrés aux vampires, le réalisateur Tom Holland, en 1985, et son émule Tomm Lee Wallace, en 1988, mélangent l'humour et l'épouvante : ainsi un vieil acteur, échappé aux écrans de téléfilms d'horreur, et son jeune ami adolescent, partent en guerre contre une kyrielle de vampires des deux sexes acoquinés dans les parages... Dans ces films, qui gardent une distance ironique par rapport à leur sujet initial, les vampires modernes ne craignent plus l'ail ni le crucifix, mais restent vulnérables à la lumière du soleil et aux pieux en bois.

Même les vampires se heurtent parfois aux difficultés d'adaptation aux sociétés contemporaines. Ainsi, par exemple, *Les Enfants de Salem*, réalisé par Larry Cohen en 1987, présente les images acérées d'une satire sociale qui ne manque pas, parfois, de saveur. Obligés de s'intégrer, pour survivre, les pauvres vampires contemporains doivent se contenter, pour assouvir leur passion démoniaque, de sang de vache, afin d'échapper à l'éventuelle contagion par le sida dont le sang humain est porteur... Dans de telles sociétés polluées, même les vampires sont à plaindre...

Enfin, une nouvelle génération de vampires polymorphes envahissent les étranges lucarnes de la télévison et les écrans de cinéma... Caractéristique de la « démocratisation » du genre, le film de Gérard Ciccoritti, *Central Park Driver*, dans lequel le vampire revêt l'aspect d'un chauffeur de taxi. Celui-ci, perdu dans les ténèbres de la grande ville, s'attaque aux femmes seules pour leur transmettre son virus de mort-vivant avant de tomber, *in fine*, amoureux d'une femme jeune mais atteinte d'une maladie incurable. Le chauffeur vampire, désagrégé par un pieu très banal, laissera à sa bien-aimée la charge de perpétuer le vampirisme.

Un célèbre trio de vampires femelles est mis en scène dans *Vamp*, film de Richard Wenk produit en 1986. Grace Jones trouve une niche écologique dans l'After Dark Club, une boîte de nuit fréquentée par des morts-vivants. Ce repaire de noctambules est hanté, aussi, par Catherine Deneuve et David Bowie, un couple maudit et célèbre qui, dans *Les Prédateurs*, réalisé par Tony Scott en 1983, mène une terrible existence de chasse pour assurer leur vie amoureuse de vampires... Mais, en manque de sang, car les victimes se font rares, les deux morts-vivants sombrent dans la vieillesse. Leur ancienne beauté d'immortalité laisse apparaître les masques terribles de la décrépitude sénile et de la laideur sépulcrale.

Il existe une toute dernière génération de vampires cinématographiques. Par exemple, en 1987, Kathryn Bigelow, jeune réalisatrice de talent, présente un film, *Aux frontières de l'aube*, dans lequel des morts-vivants nomades cachent, pendant la journée, leur sommeil dans une caravane aussi calfeutrée qu'un cercueil.

La nuit, ils chassent leurs victimes. Mais un jeune paysan tombé sous leur emprise réussit à se délivrer et, pendant que les morts-vivants périssent sur le bûcher de l'aube, le campagnard sauve sa bien-aimée par une transfusion de sang.

Dans le film de Joel Schumacher, *Génération perdue* (1987), les vampires fuient la lumière du jour dans des cavernes aux parois couvertes de posters. La nuit, ils chevauchent, tout de cuir vêtus, des motos pétaradantes, le tout dans une infernale « musique » rock... Deux adolescents bercés par les bandes dessinées auront, finalement, raison de ces marginaux morts-vivants.

En voulant donner une suite à *Entretien avec un vampire*, Anne Rice a eu également la malencontreuse idée de sacrifier à cette nouvelle mode. *Lestat le Vampire* devient chanteur de rock... et le roman qui porte ce titre est assez médiocre.

L'attraction-répulsion érotique du vampire

À travers les films et les écrits dont nous avons déjà mentionné les plus caractéristiques, Dracula le vampire apparaît, comme d'ailleurs dans la dernière réalisation de Coppola, à la fois abhorré et adoré par ses victimes. Ou, plutôt, abhorré avant et adoré après l'acte de vampirisme scellant, dans le sang, l'accouplement maudit. Or, l'éternel couple amour-haine hante le subconscient de l'humanité au moins depuis les premières phases de l'hominisation de l'animal qui sommeille en tous et en chacun. D'ailleurs, de la nuit, du sommeil qui, en « libérant » le subconscient, engendre des monstres, surgit sans doute l'engouement durable pour Dracula.

Depuis *Nosferatu le vampire* de Murnau, film de référence, on savait que Dracula pouvait être tué par la lumière si une jeune femme assez pure était capable de se sacrifier en le retenant jusqu'à l'aube... Dans le dernier Dracula, celui de Coppola, l'amour de Mina damne le Prince qui devient ainsi vampire mort-vivant, mais cet amour, dans le dernier instant, le sauve... Entre ces deux films symboles, beaucoup d'ombres et de lumières devaient couler sur les écrans des salles obscures[4]...

Le roman *Entretien avec un vampire* apporte un éclairage nouveau sur la condition du vampire traditionnel et sur l'étrange passion qu'il peut nouer avec sa victime : « Je revoyais ce jeune mortel, agenouillé au côté d'Armand, dont il enlaçait le cou de ses bras. C'était pour moi l'image même de l'amour. De l'amour que je ressentais. Je ne parle pas d'amour physique, vous devez bien le comprendre, bien qu'Armand fût beau et simple, et qu'il n'y eût rien pu avoir de déplaisant à entretenir avec lui des relations intimes. Pour les vampires, l'amour physique ne peut culminer et être satisfait que dans le meurtre. Je parle d'une autre sorte d'amour qui m'attirait à lui, comme le maître que Lestat n'avait pas su être. Jamais Armand ne conserverait par-devers lui son savoir, j'en étais certain. Le savoir filtrait au travers d'Armand comme au travers d'un panneau de verre. Je pourrais m'y baigner, m'en nourrir et croître[5]. »

Ces lignes montrent le sentiment trouble d'amour-haine inspiré par les vampires censés, de surcroît, posséder une connaissance, ésotérique ou non, dont certains voudraient bénéficier à leur tour. Tout en gardant, dans certains cas, leur aura noire surnaturelle, les vampires semblent se « démocratiser », se banaliser, se perdre dans la grisaille commune des mortels. Ils ont délaissé les châteaux mythiques de Transylvanie pour se fondre dans la perspective bourgeoise des rues des grandes villes où, souvent, ils passent inaperçus. Cette banalisation du vampire alla, sans doute, de pair avec la banalisation des crimes, des massacres, voire des génocides que les étranges lucarnes des télévisions mettent sous les yeux de n'importe qui et de

4. Voir Philippe Ross, *Dracula*, J'ai lu, 1990.
5. Anne Rice, *op. cit.*

tout le monde. « Les vampires sont parmi nous », devait constater dans un livre récent Jean Markale en observant, à propos du cancer : « ... le vampire sournois qui ronge les entrailles de l'être, vaut bien le comte Dracula en ses macabres tournoiements. Il provoque même davantage de dégâts, car il accomplit patiemment son travail de sape dans l'ombre, et il a le temps, il a largement le temps... Maladie de civilisation, a-t-on dit du cancer. Mais n'est-ce pas cette civilisation elle-même qui est vampirique ? On a l'impression que des entités mystérieuses se sont infiltrées parmi le genre humain afin de mieux réduire celui-ci à leur merci, afin de se gorger de sa substance. Et les moyens d'action ne leur manquent pas, comme en témoignent les divers matraquages publicitaires, patriotiques, diplomatiques et idéologiques de tout bord, qui ne font qu'affaiblir les capacités de l'Être au profit du Paraître[6]. » Et, un peu plus loin, dans le même livre, l'auteur se montre empli d'une trouble fascination pour les femmes vampires : « Et j'offrais mon cou à cette vampire qui n'attendait que cette soumission pour me mordre et s'abreuver de ma vie. Je comprends parfaitement la délicieuse brûlure qu'on peut éprouver à ce moment privilégié et néanmoins terrifiant. Et je sentais mon sang qui coulait lentement dans la bouche de la femme. »

L'image littéraire la plus accomplie de cette étrange passion envers ces êtres de ténèbres érotiques est, sans doute, celle brossée dans *Les Métamorphoses du vampire* de Baudelaire, cette pièce condamnée tirée des *Fleurs du mal*, qui clame avec force :

> Quand elle eut de mes os sucé toute la moelle,
> Et que languissamment je me tournai vers elle
> Pour lui rendre un baiser d'amour, je ne vis plus

---

6. Jean Markale, *L'Énigme des vampires*, Pygmalion-Gérard Watelet, 1991.

Qu'une outre aux flancs gluants, toute pleine de pus !
Je fermai les deux yeux, dans ma froide épouvante,
Et quand je les rouvris à la clarté vivante,
À mes côtés, au lieu du mannequin puissant
Qui semblait avoir fait provision de sang,
Tremblaient confusément des débris de squelette,
Qui d'eux-mêmes rendaient le cri d'une girouette
Ou d'une enseigne, au bout d'une tringle de fer,
Que balance le vent pendant les nuits d'hiver.

Peut-on ajouter à ces vers écrits avec le sang, ceux, en prose, d'*Une saison en enfer* de Rimbaud ? « Je l'écoute faisant de l'infamie une gloire, de la cruauté un charme. Je suis de race lointaine : mes pères étaient scandinaves : ils se perçaient les côtes, buvaient leur sang. Je me ferai des entailles partout le corps, je me tatouerai, je veux devenir hideux comme un Mongol : tu verras, je hurlerai dans les rues. Je veux devenir bien fou de rage. Ne me montre jamais de bijoux, je ramperais et me tordrais sur le tapis. Ma richesse, je la voudrais tachée de sang partout. »

Terrible enchaînement de l'amour avec la haine, l'attraction-répulsion du vampire et du vampirisme semble surgir de la nuit des âges, d'un cannibalisme profane au commencement et ritualisé et sacralisé ensuite, jusqu'à la sublimation ultime représentée par l'Eucharistie – suprême réunion mystique – par le sang et le corps, avec le singulier de la multiplicité du Biocosmos incarné.

L'amour surnaturel

Cette marginalité de l'amour avec l'être exceptionnel, voire surnaturel, rappelant le vampire de la tradition populaire, est donnée avec une rare acuité esthétique par deux grands écrivains roumains du siècle passé : Ion

Éliade-Radulescu dans *Le Démon-volant*, et le poète Mihaïl Eminescu dans son chef-d'œuvre, *Luceafarul*.

Dans *Le Démon-volant*, un esprit hante une jeune fille qui « pour n'avoir point su se garder des flammes de l'amour » tombe sous l'emprise terrible d'une passion obsessionnelle et maladive.

Eminescu, auquel le *Petit Larousse* ne consacre que quelques lignes d'une éclatante banalité : « Auteur de nouvelles et de contes populaires, il est, par son génie romantique, le grand poète national de la Roumanie », avait sublimé dans son plus célèbre poème, *Luceafarul* (nom rappelant Lucifer, mais emprunté à la plus lumineuse étoile du firmament), l'amour d'une mortelle pour un être surnaturel...

De tels êtres qui, dans la tradition populaire, sont des revenants, des vampires, des démons-volants..., se métamorphosent pour donner dans cet immense poème le prototype de la marginalité dans l'amour en un monde où « la vertu n'est qu'une bêtise et le génie n'est qu'un malheur » (Eminescu *dixit*).

Mais avant de passer à ce chef-d'œuvre, arrêtons-nous un instant sur un autre de ses poèmes, très significatif, intitulé *Strigoii*, ou, en traduction : *Les Stryges*. Il s'agit d'une terrible et superbe histoire d'amour et de mort.

Tout comme Dracula, celui du film de Coppola, et comme jadis Orphée, le roi Arald voit la mort lui enlever sa bien-aimée. Déçu, aussi, par le Dieu des chrétiens qui a permis que la mort fauche son épouse dans la fleur de sa jeunesse, ce roi du Danube se tourne vers un impressionnant grand prêtre des anciens Daces, resté comme une relique antique dans les Carpates. Celui-ci, vieillard oublié par le temps, fait, grâce à son invocation, ressusciter, en tant que morte-vivante, la bien-aimée du roi légendaire :

Terre de tes tréfonds rends vie à la morte,
Qu'en ses yeux passent les feux de l'étoile sereine,
Pleine lune, rends-lui l'éclat de ses cheveux,
Et toi, Zamolxès, donne-lui le souffle, germe de lumière,
Du souffle de ta bouche qui glace et qui enflamme.

Vous, les quatre éléments, dévoués à Arald
Courez toute la terre, fouillez-en les entrailles,
Changez la pierre en or et le gel en flambée,
L'eau devienne de sang, du caillou le feu naisse,
Mais nourrissez son cœur virginal de sang chaud[7].

Dans *Luceafarul*, Eminescu évoque cet être surnaturel, appelé aussi Hypérion, qui prend corps par intermittence pour suivre dans les nuits de ce bas monde l'amour d'une mortelle, lui le génie de lumière :

Mais quel éclat mystérieux
sur la face pâlie !
C'est un beau mort dont seuls les yeux
semblent encore en vie[8].

Fidèle aux invocations de la jeune fille, Hypérion prend corps, sous plusieurs hypostases, mais la jeune mortelle aime et craint en même temps cet être qu'elle refuse néanmoins de suivre dans son monde archétypal. Elle demande donc à Hypérion, comme prix de l'amour, de sacrifier son immortalité. Et finit par lui préférer « un jeune page » roué.

La jeune fille a compris, sans doute, avant la lettre, « l'ennui mortel de l'immortalité » dont parlait Cocteau. Cette méfiance reste toutefois exceptionnelle. En effet, les élixirs de jouvence et de vie éternelle – dont le sang de l'Eucharistie est un symbole religieux – ne sont jamais

7. Mihai Eminescu, « Les stryges », in : *Anthologie de la poésie roumaine*, Nagel, 1981.
8. Mihai Eminescu, « Hypérion », *ibid*.

passés de mode, et la fascination trouble qu'exerce le vampire peut s'expliquer en partie par un certain engouement pour l'immortalité dont il bénéficie et dont il peut faire bénéficier les autres...

Lucifer et Dracula : la marginalité tragique de l'exceptionnel

Dans *Les Litanies de Satan*, Baudelaire chante la gloire de Lucifer :

> Bâton des exilés, lampe des inventeurs,
> Confesseur des pendus et des conspirateurs,
>
> Père adoptif de ceux qu'en sa noire colère
> Du paradis terrestre a chassés Dieu le Père...

Or, l'image traditionnelle des ailes de Lucifer dans les légendes roumaines, rappelle la chauve-souris, maudite pour avoir mangé le pain bénit destiné à l'Eucharistie... Dans l'imagerie populaire, cette souris ailée devient enténébrée non seulement à cause de ses habitudes nocturnes, mais aussi, et peut-être surtout, à cause de ses ailes qui la marginalisent par rapport à tous les autres mammifères non adaptés au vol... Sauf, bien sûr, le mythique Pégase, le fameux cheval ailé de la légende grecque... et autres chimères hantant les temps jadis.

Dans *Je suis une légende*, Richard Matheson raconte l'histoire de Robert Neville, l'émule de Béranger, le dernier homme parmi les *Rhinocéros* de Ionesco. Le personnage de légende de Matheson est le dernier homme condamné à vivre dans un monde hanté par les vampires. Charlton Heston en est le protagoniste à l'écran dans le film intitulé *Le Survivant*.

Ce survivant de l'ancienne espèce humaine devient un

marginal tragique. En effet, tous les autres représentants de l'espèce hantent l'univers des vampires à la suite d'une mutation irréversible, due à des germes biologiques. Les êtres humains se trouvent contraints de se nourrir exclusivement de sang, devenant ainsi des morts-vivants éternels craignant la lumière du soleil, l'ennemie terrible de tous leurs semblables prédécesseurs. Robert Neville est obligé de combattre pour sa survie diurne et nocturne, contre les meutes de morts-vivants prêtes à le vider de son sang.

Je suis une légende distille une atmosphère de terreur banale et diffuse qui souligne la solitude dangereuse de son personnage, unique humain, obligé de se mettre à l'abri des vampires à l'approche du soir : « S'il avait eu l'esprit plus précis, il aurait pu calculer approximativement le moment de leur arrivée ; mais il avait gardé la vieille habitude de s'en remettre à la couleur du ciel. Par temps couvert, cette méthode n'était pas sûre et c'est pourquoi, ces jours-là, il préférait ne pas s'éloigner de sa demeure[9]... »

Tous ceux qui ont vécu l'état de siège ou ont été traqués par des politiciens ou policiers abusifs de l'Est ou de l'Ouest, du Nord comme du Sud, sont bien placés pour apprécier ce que ressent cet homme seul devant les meutes de vampires...

Dans sa suprême solitude, le seul non-vampire s'accroche à un chien vagabond qu'il apprivoise après maintes difficultés. Il s'agit d'un errant, apeuré lui aussi par les créatures de la nuit, et qui a pu jusqu'ici leur échapper à l'instar du héros, Robert Neville... Mais l'apaisement apporté par la présence de ce compagnon de malheur ne dure pas longtemps après son apprivoisement : « Quelques jours plus tard, le chien était mort. » La solitude de Neville, dans sa condition humaine, devient absolue...

Je suis une légende, livre écrit en 1954 mais dont l'action

9. Richard Matheson, *Je suis une légende*, Denoël, 1990.

se situe un quart de siècle plus tard, en 1979, devait mener « à un authentique renversement des valeurs » : « La solitude de Neville, ses efforts (finalement vains) pour survivre dans sa solitude le désignent d'emblée comme l'étranger à un autre groupe social qui, lui, parvient à s'organiser. C'est alors lui qui apparaît comme le monstre, l'anormal, le fanatique, et son renversement par la société vampirique, sa condamnation finale ont quelque chose de bouleversant – une remise en cause des valeurs humaines présente toujours quelque chose d'inquiétant[10]. »

En effet, dans le final du livre, Robert Neville constate : « À présent, c'est moi le monstre... » Le concept de « normalité » n'a jamais de sens qu'aux yeux d'une majorité, après tout... « Robert Neville regarda le nouveau peuple de la Terre. Il savait qu'il n'en faisait pas partie. Il savait que, pour ces gens, comme les vampires, il était une malédiction, un objet de sombre terreur, qui devait être détruit. »

Et comme jadis Socrate condamné au suicide, « il leur tourna le dos, et s'appuya au mur pour avaler les pilules ».

Au seuil de la mort, un dernier éclair luit dans son esprit : « La boucle est bouclée, pensa-t-il au moment de sombrer dans la nuit définitive. Une nouvelle terreur est née de la mort, une nouvelle superstition s'installe dans le monde... Je suis une légende[11]... »

Rejoignant Matheson à sa manière, Eugène Ionesco, natif du pays de Dracula, décrit la « rhinocérisation » d'un monde, la métamorphose généralisée des hommes en rhinocéros. Dans un premier temps, il exprime la « mauvaise conscience » du seul homme qui reste humain, hélas ! trop humain : « Comme j'ai mauvaise conscience, j'aurais dû les suivre à temps. Trop tard maintenant ! Hélas ! Je

---

10. Jacques Finne, *La Bibliographie de Dracula*, L'Âge d'Homme, 1986.
11. Richard Matheson, *op. cit.*

suis un monstre, je suis un monstre ! Hélas ! Jamais je ne deviendrai rhinocéros, jamais, jamais ! Je ne peux plus changer. Je voudrais bien, je voudrais tellement, mais je ne peux pas. Je ne peux plus me voir. J'ai trop honte. » Honteux et craintif : « Malheur à celui qui veut conserver son originalité ! », il se ressaisit cependant dans un sursaut final : « Contre tout le monde, je me défendrai ! Je suis le dernier homme, je le resterai jusqu'au bout ! Je ne capitule pas. »

Le cri désespéré du dernier homme, assiégé dans un monde devenu la chasse gardée des vampires (ou des rhinocéros), sonne comme un requiem lapidaire pour l'espèce humaine. Et malheureusement, l'histoire contemporaine – trop fertile en « saigneurs » de tout poil – n'offre aucune base réelle à un éventuel démenti possible. Les vampires prolifèrent et pullulent dans une atmosphère d'obscure clarté rappelant les eaux troubles et troublées d'un monde où les reptiles issus du cerveau archaïque de l'homme s'apprêtent à mettre en coupe réglée la biosphère terrestre... Les vampires eux-mêmes – au propre et au figuré – évoluent dans le temps. Mais l'évolution de ces monstres – cachés dans les ténèbres intérieures et extérieures – représente le plus souvent l'involution d'une humanité où l'homme véritable est une espèce en voie de disparition.

12
Psychanalyse de Dracula

Certains auraient voulu trouver, même dans le Dracula historique, autrement dit en Vlad l'Empaleur, un homme qui aurait pallié ses déficiences sexuelles par sa cruauté, en utilisant le pal comme un prolongement ou succédané d'un phallus insuffisamment fort.

L'histoire montre, malgré tout, en l'Empaleur, un homme à femmes qui, en dehors de ses successives épouses légitimes, recourait pour son plaisir à des maîtresses, parfois attitrées. Force est de constater, dans la mesure où l'histoire peut présenter des dates certaines, que les plus terribles criminels n'étaient point des hermaphrodites ou des êtres à la sexualité incertaine, mais des mâles purs et durs.

En partant d'une telle constatation l'on rencontre même des théories – qui n'ont pas été confirmées – soutenant qu'un bras plus long du chromosome Y (celui de la masculinité) serait responsable des crimes et des agressions. Une maladie « mâle » pouvant influencer le comportement comme le priapisme – érection prolongée et involontaire devenant douloureuse – aurait pu accentuer encore le sadisme de l'Empaleur. Mais elle n'est étayée par aucune preuve tangible concernant ce prince des ténèbres.

Le célèbre complexe d'Œdipe, tant invoqué par Freud, a-t-il joué un rôle dans la formation de Dracula ? L'on est réduit à des conjonctures en ce qui concerne la personnalité historique. En revanche, l'on pourrait disserter – voire ergoter – sur le personnage livresque et cinématographique.

Moira, la fatalité grecque, avait présidé au destin d'Œdipe ; un oracle ayant prophétisé que le nouveau-né tuerait son père et épouserait sa mère, l'enfant fut abandonné dans un lieu sauvage pour y trouver la mort et conjurer ainsi le malheur qui guettait, à travers lui, sa royale dynastie. Mais c'était compter sans Moira : son verdict sera exécuté, comme en témoignent la mythologie et la tragédie. Ressuscité et adapté à la psychanalyse de Freud, ce mythe ancien devait signifier l'attachement amoureux du petit garçon pour sa mère d'où résulterait la rivalité avec son père, tandis que la petite fille, rivale de sa mère, rechercherait l'amour de son père. Pour atteindre l'âge adulte – dans un cas comme dans l'autre – la mort symbolique du parent rival s'imposerait...

Dans beaucoup d'histoires de vampires, on croit rencontrer un conflit de type œdipien. Par exemple, dans le *Dracula*, désormais classique, de Bram Stoker, on pourrait trouver l'image du père sévère, pour ne pas dire du tyran domestique qui, en certains cas, devient un tyran public – c'est-à-dire un roi, un président... ou un prince des ténèbres.

En effet, Dracula avec sa taille majestueuse, sa longue moustache, attribut viril par excellence, son regard autoritaire et sa voix sans réplique, semble préadapté au rôle de chef de famille ou de tribu, ce que nos ancêtres les Romains, appelaient *pater familias*.

Opposé à Dracula, le professeur Van Helsing donne une image, plus douce, de père protecteur. Quant aux autres personnages du roman, beaucoup plus jeunes, qui pourraient être des enfants ou des petits-enfants du comte, Jean Marigny les trouve conformes aux schémas de la psychanalyse : « Tentés, dans un premier temps, de se soumettre à l'autorité de ce "père" détesté, ils choisiront la voie de la révolte : la mort du père terrible, tué par le plus jeune de ses “enfants”, Quincey Morris. Le roman de Stoker est fidèle à la logique du schéma œdipien puisque les “filles” sont séduites par le père, tandis que les “fils” s'opposent à lui. Le choix du poignard, symbole phallique par excellence, n'est pas innocent, car il implique que Morris affirme sa virilité en face de celle du père détesté[1]. »

De telles assertions montrent, une fois de plus, que le schéma œdipien de la psychanalyse est, souvent, trop étroit pour la réalité d'une vie ou d'une œuvre. Car Mina Harker, par exemple, loin d'avoir collaboré vraiment avec un père si abusif, se rangera avec résolution dans le camp des amis qui traquent le funeste comte. Et même, comme le montre le professeur Van Helsing, elle réussit parfois à guider leurs recherches : « Une fois de plus, notre chère madame Mina s'avère notre guide. Ses yeux ont vu quand les nôtres étaient aveugles. Nous avons retrouvé sa piste, et si nous parvenons à rejoindre notre ennemi en plein jour, sur l'eau, notre tâche est accomplie[2]. »

De surcroît, dans *Nosferatu*, la femme du jeune clerc se sacrifie et se dévoue à la disparition du vampire en le retenant jusqu'aux rayons mortels de l'aube. Il s'agit donc plutôt d'un sacrifice altruiste pour empêcher le vampire de répandre son fléau que d'un quelconque plaisir érotique qui l'aurait enchaînée au ténébreux comte.

Selon certains auteurs, Dracula – en tant que symbole – aurait pu caresser dans le sens du poil une certaine image impériale et civilisatrice que la Grande-Bretagne, au sommet de son expansion coloniale pendant le règne de Victoria, voulait donner d'elle-même. Dans cette optique, Dracula, seigneur maudit d'une Transylvanie présentée

---

1. Jean Marigny, *Le Vampire dans la littérature anglo-saxonne*, Didier-Erudition.
2. Bram Stoker, *op. cit.*

comme une région barbare, était ressenti comme un danger imminent pour la Grande-Bretagne et virtuel pour le monde. Car, en 1897, quand le livre de Bram Stoker paraissait, l'Angleterre était considérée comme la première puissance mondiale. Qui tenait Londres – ce que Dracula essaya de faire – tenait le globe terrestre.

Peut-être ne faut-il pas oublier non plus que la Transylvanie était non seulement une région éloignée de la civilisation anglo-saxonne mais qu'elle faisait, à l'époque, partie intégrante de l'Empire d'Autriche-Hongrie, allié de l'Allemagne du Kaiser, et donc ennemi de la Grande-Bretagne et de son expansion économique en Europe centrale. Dracula est le mort-vivant d'une région encore féodale, et son château en ruine peut marquer la fin d'une époque soumise à des superstitions vulgaires et à l'arbitraire du potentat local, de toute manière vampire, au propre ou au figuré.

Darwinisme social et psychanalyse ?

Si l'on pouvait parler d'une psychanalyse darwiniste de Dracula et de son histoire, on trouverait des analogies troublantes. En effet, Darwin considérait que l'espèce humaine est capable de s'adapter aux plus diverses conditions d'existence trouvées sur la surface du globe terrestre, mais cette assertion n'était valable, selon lui, que pour les soi-disant « races civilisées » : « L'homme à l'état sauvage semble sous ce rapport presque aussi sensible que ses plus proches voisins, les singes anthropoïdes, qui n'ont jamais survécu longtemps quand on les a exilés de leur pays natal[3]. »

Comme en écho à cette idée de Darwin, l'on rencontre

3. Denis Buican, *Darwin et le darwinisme*, « Que sais-je ? », PUF, 1987.

dans le récit de Bram Stoker l'épisode de l'embarcation, sur le *Demeter*, des caissons et du cercueil de Dracula contenant de la terre de Transylvanie sans laquelle, selon l'auteur, le comte n'aurait pu perpétrer ses crimes, à Londres.

En plusieurs endroits de l'œuvre du grand naturaliste, il apparaît que le fleuron de la civilisation terrestre reste le monde anglo-saxon : « La supériorité remarquable qu'ont eue, sur d'autres nations européennes, les Anglais comme colonisateurs, supériorité attestée par la comparaison des progrès réalisés par les Canadiens d'origine anglaise et ceux d'origine française, a été attribuée à leur "énergie persistante et à leur audace" ; mais qui peut dire comment les Anglais ont acquis cette énergie ? Il y a certainement beaucoup de vrai dans l'hypothèse qui attribue à la sélection naturelle les merveilleux progrès des États-Unis, ainsi que le caractère de son peuple ; les hommes les plus courageux, les plus énergiques et les plus entreprenants de toutes les parties de l'Europe ont, en effet, émigré pendant les dix ou onze dernières générations pour aller peupler ce grand pays et y ont prospéré[4]. »

Ces paroles de Darwin sont « justifiées » même par une analyse sommaire de l'origine et du comportement des personnages du roman de Stoker. Tout d'abord, le personnage principal, Dracula lui-même, est un étranger sauvage surgi de sa Transylvanie natale et embarqué avec la terre de ses ancêtres à l'assaut de Londres. Dans cette contrée lointaine pullulent les paysans superstitieux et arriérés et les Tsiganes complices de leur terrible maître.

En opposition à cette Transylvanie de cauchemar, de l'autre côté de la barrière, dans le monde civilisé anglo-saxon, on trouve de fort dignes personnages comme un lord Godalming, représentant typique de « l'establishment » britannique, comme d'autres Anglais appartenant

---

4. Denis Buican, *op. cit.*

à la classe moyenne de la bourgeoisie libérale dont Jonathan Harker, son épouse Mina et leurs amis. Le professeur hollandais Van Helsing – pourtant leur allié dans le combat contre les forces du Mal – ressemble parfois à un professeur Tournesol qui, en écorchant la langue de Shakespeare, a des traits qui tirent à la caricature. Quant au fidèle de Dracula à Londres – celui qui devient le fou Renfield – son comportement trouve sans doute explication – en dehors de sa folie – dans ses éventuelles origines étrangères car, pour certaines oreilles, son nom indique une souche germanique.

Enfin, seul étranger héroïque, reste le jeune Quincey Morris qui, au prix de sa vie, tel saint Georges, terrasse le dragon des ténèbres qu'est Dracula, ce noir fleuron de Transylvanie. Le jeune justicier est étranger mais... américain. Il s'agit donc d'une justification, sans doute involontaire, des paroles précitées de Darwin, concernant le peuple des États-Unis.

Psychanalyse et politique

Ainsi, par le meurtre rituel de Dracula, selon une ancienne coutume, le monde anglo-saxon éloigne de ses terres la menace de la barbarie. Dracula, ressenti comme un virtuel danger venant de l'Europe centrale, devient, pendant la Seconde Guerre mondiale, un parangon de l'empire du mal. À propos du mythe de Dracula, Gabriel Ronay[5] souligne le fait qu'à la même époque l'état-major américain avait organisé une distribution gratuite du célèbre livre *Dracula* aux soldats qui allaient combattre en Europe pour revigorer leur moral.

La propagande de guerre, pendant la présidence de

5. Gabriel Ronay, *The Dracula Myth*, Éd. Allen, Londres, 1972.

Roosevelt, voulait imposer aux Américains, surtout à l'armée, une sorte de monstre Dracula, personnifiant l'Axe maudit qui mettait en danger la civilisation occidentale, notamment son suprême fleuron, l'*american way of life*.

Pendant ce temps, des affiches destinées à la propagande militaire, voire militariste, présentaient – non sans un racisme à rebours – les soldats allemands affublés comme le vampire des Carpates. Si la hiérarchie national-socialiste, Hitler et sa camarilla, appelait de toute évidence la comparaison avec un tel modèle enténébré, l'on ne voit guère pourquoi le militaire allemand de base, qui tuait en service commandé, tout aussi bien (pour ne pas dire tout aussi mal) que les soldats américains, soviétiques ou d'autres nationalités, aurait mérité un tel traitement de faveur dans l'horreur.

La période de la guerre froide, suivant la dernière guerre mondiale, a ressuscité à nouveau Dracula en l'enrôlant, non sans emphase, dans la propagande des États-Unis. Le prince des ténèbres incarnait cette fois l'Europe communiste. Un universitaire américain, du temps de la chasse aux sorcières exacerbée par le sénateur Mac Carthy, avait même trouvé, dans le roman de Bram Stoker, ni plus ni moins qu'une prophétie de la guerre froide. Selon cette interprétation – assez tendancieuse – Dracula, parangon de la subversion communiste, devait trouver un éclairage spécieux dans la guerre idéologique Est-Ouest.

Ainsi Lucy Westenra – dont le nom rappelle l'Ouest : « western » – symboliserait une Europe occidentale, impuissante à se défendre toute seule contre le danger communiste ; Mina Harker devient le symbole de la force morale des peuples combattant pour la liberté. Enfin, l'Américain Quincey Morris, transperçant d'un coup fatal Dracula, dans le roman de Bram Stoker, prouverait que seule l'aide militaire américaine pourrait sauver l'Europe des griffes du dragon communiste.

Fort heureusement pour les États-Unis, cet universitaire de croisade idéologique n'a pas interprété jusqu'au bout le roman de Stoker ; en effet, le jeune Américain héroïque, Quincey Morris, meurt dans le final du récit. Or, une telle fin aurait été considérée, sans doute, défaitiste sinon subversive, par la brave Amérique du célèbre sénateur Mac Carthy...

D'autres récits, redevables à la guerre froide, mettent en scène des vampires – en réalité des agents de l'Est – venus pour déstabiliser le monde occidental, mais qui sont traqués par les chevaliers sans peur ni reproche de la CIA ou du FBI...

Une série de romans d'outre-Atlantique montre même un Dracula qui, dompté par un professeur américain fidèle à la bannière étoilée, devient un collaborateur précieux tantôt de la CIA, tantôt du FBI... sans agir tout à fait de son plein gré mais sous « l'influence » de ce brave universitaire et néanmoins citoyen américain méritant qui a, sans doute, pour seule devise celle inscrite sur les billets de banque du pays : « We trust in gold » (*sic*).

Sans doute Ronald Reagan, ancien comédien de série B – série d'ailleurs caractéristique de la plupart des films américains sur le comte de Transylvanie – devenu président des États-Unis, a-t-il pensé à Dracula en parlant de « l'empire du mal » à propos de l'URSS, avec laquelle, d'ailleurs, il s'entendit comme larrons en foire, poursuivant la complicité traditionnelle du Vodka-Cola commencé par Staline et Roosevelt...

Il n'est pas moins vrai que, dans les derniers temps de l'URSS, le Kremlin, par miracle, était passé de la perception universelle du rouge sang, la couleur préférée de Dracula, au rose bonbon. Mais depuis Ivan le Terrible et jusqu'à Staline, d'innombrables cadavres firent l'humus de ce rose qui, peut-être, après les lendemains qui déchantent, préfigure l'aube dont les dards de lumière banniront les terribles vampires d'hier et d'aujourd'hui.

Peut-on, en fin de compte, essayer de psychanalyser Dracula, archétype du vampire des ténèbres, autrement que par dérision et le faire asseoir mort-vivant, immortel sur le divan – devenu pièce de musée – du docteur Freud ? Rien n'est moins sûr car la psychanalyse, loin d'être une science exacte, n'est qu'un art soumis aux aléas des modes qui se succèdent en se démodant successivement.

Si Dracula risque de piétiner le divan – que certains voudraient transformer en lit de Procuste – et de vampiriser le psychanalyste trop téméraire pour le toucher, en revanche son ombre peut, parfois, glisser dans une étrange poésie noire.

Ainsi, dans un poème, écrit peu avant son suicide tragique dans l'empire du Kremlin, Essenine brosse le portrait d'un effroyable homme noir vu dans un miroir. Celui qui le regarde veut le bannir de son champ visuel et brise le miroir pour s'apercevoir, dans un laps de temps d'une extraordinaire acuité, que l'homme noir n'est autre qu'un reflet de lui-même.

Aussi Dracula, tragique prince de la nuit sépulcrale, n'est-il sans doute qu'un « concentré » des ténèbres que chacun porte en soi : seule la proportion lumière – ténèbres varie à l'échelle individuelle, comme au niveau des systèmes politiques et sociaux... Dracula est assuré, donc, de survivre et de hanter la biosphère terrestre tant qu'il y aura une nature humaine.

Quant à l'image que donne ou que pourrait brosser la psychanalyse du vampire Dracula, ou du prince historique – au choix –, faut-il rappeler les très sages paroles de Hamlet : « Il y a plus de choses dans le ciel et sur la terre, Horatio, que n'en rêve votre philosophie. » Paroles qui peuvent s'appliquer tout d'abord à la psychanalyse et même à la pensée humaine tout court.

13

L'éternel retour de Dracula

Son plus célèbre portrait montre Vlad l'Empaleur, le Dracula historique, fixant le monde de ses yeux verts, comme le sang des plantes. Il semble regarder son mythe, sa terrible légende et ses divers avatars en étouffant un rire sardonique. Il est vrai (et pour nous en tenir seulement aux vampires historiques ayant sévi à l'est de l'Europe) que, de Vlad l'Empaleur à Ceauscescu, en passant par Ivan le Terrible et Staline, les tyrans ont été beaucoup plus sanguinaires que les fantômes des Carpates. C'est pourquoi l'histoire garde d'eux une empreinte sanglante et indélébile.

Le prince-vampire et le terrorisme d'État

Le fleuve noir de l'histoire est volontiers rouge du sang de ses victimes. Comme dit Pierre Chaunu, de façon un peu désabusée : « La décadence n'est plus seulement un risque tapi au cœur de l'histoire, l'ombre intérieure qui nous empêche de jouir pleinement de la vue du Parthénon, mais la décadence est un risque pour l'univers, elle est au cœur des étoiles, dans la poussière des galaxies, au fond des trous noirs de ces univers irréversibles, inaccessibles que l'astronomie a placés, il y a vingt ans, sur nos têtes[1]... »

Regardée en même temps de près et de loin, l'histoire roumaine, comme l'histoire naturelle de la biosphère, présente l'allure de la traversée d'un bout à l'autre d'une chaîne de montagnes. Qu'il s'agisse des Carpates ou d'autres protubérances terrestres, l'ascension peut se faire en cheminant sur des sentiers tortueux jusqu'au sommet, pour redescendre de l'autre côté vers le niveau de la mer et vers la poussière où tout doit retourner. Mais, au cours de la traversée, les sentiers peuvent mener à des endroits de rêve ou vers des lieux de cauchemar – qu'il s'agisse du temps de Dracula ou du nôtre. Notre siècle n'est-il pas, avec les camps et les massacres perpétrés par Hitler et Staline, entre autres, statistiquement le plus meurtrier ? Sans parler des tyranneaux locaux, de l'Asie à l'Amérique latine en passant par l'Afrique, qui renchérissent dans les horreurs des génocides ou du crime organisé. On se souvient des bruits de cannibalisme qui ont circulé selon lesquels il s'agissait là de l'ordinaire de « grands amis » de la France ou de l'Angleterre comme Bokassa (dont l'épouse était une espionne de Ceauscescu) ou Amin Dada. On parlait à leur propos de réfrigérateurs remplis de victuailles humaines.

Pour autant faut-il croire que le terrorisme d'État, en ses aspects sanguinaires, n'appartient qu'aux pays communistes ou aux dictatures plus ou moins militaires du tiers monde ? Si le pire se trouve de fait en dictature totalitaire, cela ne justifie ni n'excuse le mal occidental de démagogie policière oligarchique.

---

1. Pierre Chaunu, *Histoire et décadence*, Librairie Académique Perrin, 1981.

Un historien roumain de solide réputation, Ioan Bogdan, parle de l'influence possible de Vlad l'Empaleur sur Ivan le Terrible :

« Le récit de Vlad l'Empaleur a été l'une des plus populaires narrations dans l'ancienne Russie, et sa popularité est due, comme cela fut observé par Buslaev, à l'intérêt national que présente ce récit pour les Russes. Le fait que Vlad l'Empaleur passe de l'orthodoxie au catholicisme, en terminant ainsi la série de ses barbaries inhumaines et en vendant son âme aux éternelles tortures de l'enfer, donnerait une satisfaction morale aux croyants orthodoxes russes, assurant la récompense méritée, dans l'autre monde, pour les crimes perpétrés sur la terre. C'est suivant l'ancien goût russe que fut bâtie aussi l'histoire des deux moines latins. La narration était devenue très populaire au temps d'Ivan le Terrible, tsar qui fut en mesure, par sa cruauté envers les boyards, de tant fasciner la fantaisie du peuple russe qui alla jusqu'à faire de lui un tsar idéal. L'Empaleur de la narration était regardé alors comme une sorte de prototype d'Ivan le Terrible[2]. »

Il est fort probable qu'Ivan, lecteur impénitent, avait lu avec attention le récit concernant les exploits de Dracula. S'il trouvait ainsi dans le prince valaque un *alter ego*, il n'avait pas grand-chose à apprendre de ses méthodes de torture, car les Russes, grâce surtout aux Tatars, étaient de véritables orfèvres en la matière. Malgré tout, l'exemple du tyran des Carpates ne pouvait pas ne pas impressionner le despote eurasiatique du Kremlin.

La naissance même d'Ivan le Terrible, en 1530, un siècle après Vlad l'Empaleur, se produisit à l'instant précis où la

2. Ioan Bogdan, *Œuvres choisies*, Éditions de l'Académie, Bucarest, 1968 (en roumain).

foudre tomba sur le Kremlin. Bizarre coïncidence renforcée par... deux dents déjà présentes dans la bouche du nouveau-né. Ce détail aurait amené le khân de Kazan à dire aux boyards russes qui venaient lui rendre visite : « Il vous est né un souverain et il a déjà deux dents. Avec l'une, il nous dévorera, nous les Tatars, mais avec l'autre, c'est vous qu'il dévorera[3] ! »

Durant son enfance, sa cruauté naturelle et son penchant pour le sang sont déjà manifestes. Il aime arracher les plumes des oiseaux, crever les yeux de certains animaux, jeter des chiens dans le vide, éventrer toutes sortes de bêtes et regarder avec plaisir leur agonie.

Le goût du sang versé et des tortures le rapproche de l'Empaleur. Ivan porte toujours avec lui un épieu, un long bâton en bois sculpté, prolongé d'une pointe d'acier. Ce sceptre *sui generis* lui permet d'assouvir, à tout instant, le plaisir d'infliger des châtiments. Il plante ce pieu, succédané du pal de Vlad de Valachie, dans le corps de ceux qui ont le malheur de lui déplaire. L'envoyé du prince Kourbski (forcé de chercher asile en Pologne pour échapper à la furie aveugle du tsar) arrivé avec une lettre fort sévère pour Ivan, se voit cloué au sol, le pied traversé par l'épieu du monarque qui regarde avec plaisir le sang s'épancher de la douloureuse blessure.

En utilisant la pointe métallique de son bâton – devenu sceptre de sa cruauté impériale – comme une sorte de test de courage, Ivan examinait avec une jubilation sanguinaire les réactions des victimes blessées par sa grâce noire.

Ivan, descendant psychologique de Vlad l'Empaleur, était bien l'ancêtre de Staline. Le KGB et ses différents succédanés, de Dzerjinski à Béria, furent préfigurés par les

---

3. Henri Troyat, *Ivan le Terrible*, Flammarion, Le Livre de Poche, 1990. A consulter aussi : Catherine Durand-Cheynet, *Ivan le Terrible*, Éd. Perrin, 1981.

opritchniks et l'*opritchnina*, oligarchie constituée comme une garde prétorienne. Cette oligarchie, tout de noir vêtue, ayant comme totem une tête de chien et un balai, mit le pays sous son joug. Ses membres se trouvaient séparés du reste du peuple par un serment au tsar par lequel ils s'engageaient à oublier leur origine et leurs parents et à n'avoir aucune relation conviviale avec le commun des mortels. On croirait entendre les consignes données non seulement au KGB, mais à tout service spécial où les membres sont dressés à mordre les ennemis supposés et où le balai évoque la suppression par la terreur de tout mouvement de résistance devant l'oppression.

Sous le règne d'Ivan le Terrible, même le supplice du pal ne manque point : des princes et des boyards (et parfois le menu peuple aussi) sont hissés au bout d'un pal sur les bords de la Moscova ou n'importe où ailleurs dans l'empire de toutes les Russies.

Un jour, à Pskov, un moine illuminé osa dire au tsar ses quatre vérités, en lui tendant un lambeau de viande crue pour qu'il l'ingurgite à la place de sang et de la chair humaine. En le menaçant de la foudre divine, ce moine, sans doute assoiffé de martyre, fit reculer le tsar superstitieux et sauva sa ville du sort terrible de Novgorod, pillée et brûlée, dans un véritable bain de sang, par les hordes du tyran.

Le prince André Kourbski, l'ancien ami d'Ivan, devenu son ennemi intime, le traite, dans des lettres (qu'il tire comme des flèches à l'abri de son exil étranger) de « buveur de sang ».

On pourrait dire, en regardant les crimes d'Ivan le Terrible, qu'il est enchaîné au sang, comme plus tard le vampire Dracula et avant lui Vlad l'Empaleur, son prototype. Son ivresse du sang était d'ailleurs partagée par son fils, le tsarévitch. Compagnon de méfaits de son père, il lui sauva un jour la vie, alors qu'il était menacé par un noble

Dès le lendemain, Ivan s'attelle allégrement à son œuvre de justice. Chaque jour, on amène devant lui et son fils, sur la grande place, un millier d'habitants, notables, marchands ou simples citoyens. Pas d'interrogatoire, pas d'audition de témoins, pas de plaidoirie, pas de jugement. Du seul fait que ces gens sont de Novgorod, la maudite, ils sont coupables. Par raffinement, on torture les maris devant les épouses, les mères devant les enfants. On knoute, on brise les membres, on coupe les langues, on taillade les narines, on émascule, on brûle les corps à petit feu. Puis, saignants et rompus, les malheureux sont attachés par la tête ou les pieds à des traîneaux, qui descendent à vive allure vers le Volkhov, jusqu'à un endroit où la rivière ne gèle pas, même en plein hiver. Là, on les précipite dans l'eau glacée par familles entières, les femmes avec leurs maris, les mères avec leurs enfants à la mamelle. Ceux qui surnagent sont achevés à coups de lances, de pieux, de haches par les *opritchniks* montés sur des barques. Ce massacre méthodique dure cinq semaines. Ivan et son fils ne se lassent pas du spectacle. Selon le tsar, rien n'est plus instructif pour un esprit curieux des mystères humains que les réactions d'une victime sans défense aux prises avec la douleur et la mort. Même pour un familier des chambres de torture, le plaisir est toujours inédit. Sous l'effet de la souffrance, les visages habitués à feindre l'indifférence, la morgue, la courtoisie, le courage se disloquent. Les masques tombent. La bête apparaît derrière l'homme. C'est aussi excitant que le déshabillage d'une vierge qui se débat et crie. Les suppliciés se tordent, hurlent, grimacent, oublient toute dignité. Coupables et innocents se valent. Vous pouvez d'un mot arrêter leurs tourments. Et vous ne le faites pas. Et la jouissance en vous augmente à mesure que l'autre est ravalé au plus bas. Tendons d'un blanc nacré, viscères bleuâtres, humeurs vertes et glaireuses, et, par-dessus tout ça, la giclure joyeuse du sang et son odeur chaude, fade, grisante, irremplaçable ! Quelle meilleure préparation à l'amour ou à la prière ? Ayant roué de coups, écorché, tenaillé, écartelé, rôti, on s'enfonce dans la femme ou en Dieu avec une vigueur nouvelle. Ainsi, après chaque série d'exécutions, Ivan et son fils se retrouvent à l'église dans des dispositions pieuses et apaisées. La boucherie et l'office divin se complètent. Le nombre total des victimes s'élèvera à quinze mille selon Kourbski, à dix-huit mille selon la *Troisième Chronique de Novgorod*, à vingt-sept mille selon Taube et Kruse, à soixante mille selon l'auteur de la *Première Chronique de Pskov*. Le Volkhov est encombré de cadavres et ses flots charrient du sang et des débris humains jusqu'au lac Ladoga.

Henri TROYAT.
Ivan le Terrible, 1982.

---

prisonnier qui, ayant réussi à s'emparer du fameux épieu, le retournait contre le tsar.

Mais la rivalité père-fils devait croître de jour en jour. Le terrible tsar ne tolérait, en effet, qu'une seule volonté : la sienne. La tragédie déclenchée par l'ire d'Ivan contre sa bru, rencontrée dans sa résidence en tenue considérée trop légère, est symptomatique. Pour la punir, il la frappa avec une telle sauvagerie qu'elle fit une fausse couche. Le tsarévitch, reprochant à son père, avec trop de force, son comportement abusif, fut lui aussi victime de la furie aveugle d'Ivan le Terrible. Le tsar, armé de son bâton-épieu, lui asséna plusieurs coups dont un, lui transperçant la tempe, fut mortel. Ce meurtre mit pratiquement fin à la dynastie et ouvrit, après sa mort, la voie des combats troubles pour le trône du Kremlin.

Superstitieux, malgré ou à cause de ses nombreux crimes et tortures, Ivan avait souhaité être enterré comme moine. Le métropolite, exécutant avec servilité sa volonté, donna l'ordre de vêtir le cadavre du tsar de la robe noire en l'appelant, pour la circonstance, « frère Jonas ».

Après sa mort, Ivan laisse derrière lui l'histoire de ses forfaits mais aussi une légende populaire (renforcée par le film d'Eisenstein, guidé par Staline) qui voulait faire de lui un autocrate patriote et juste pour les humbles, bien qu'impitoyable pour les princes et les boyards.

Dans une pièce de théâtre inédite consacrée à Staline et à son pseudo-biologiste favori, Lyssenko, un dialogue surréaliste, entre l'ancien tsar et le nouveau tsar rouge, montre l'admiration réciproque qu'auraient pu se porter les deux hommes. Ivan le Terrible reconnaissant que Staline l'avait dépassé dans les massacres, le tyran soviétique lui rétorque non sans humilité : « J'ai fait ce que j'ai pu. C'est vrai que, dans notre siècle, les moyens d'extermination sont plus efficaces. »

En effet, notre siècle, du fait de Hitler et de Staline, a vu plus que d'autres la banalisation du crime, du génocide en série. Le massacre collectif est devenu une habitude presque quotidienne. Certes, les génocides de « classe » perpétrés par Staline, tout comme les génocides de « race » d'un Hitler, restent, statistiquement parlant, insurpassables. Mais ils sont suivis d'assez près par les massacres de Mao et de ses successeurs en Chine, ou des Khmers rouges au Cambodge.

Un certain dimanche des années soixante-dix, rencontrant à Ville-d'Avray, chez Jean Rostand, l'ancien secrétaire de Staline, Boris Bajanov, nous avions conversé autour de la personnalité de l'ancien tsar rouge du Kremlin. J'ai cru comprendre que Staline, imprégné de réminiscences dogmatiques par son passé de séminariste, avait voulu infliger au peuple soviétique les quarante années de désert que Moïse devait réserver au peuple d'Israël. Quarante années destinées à faire oublier le Veau d'or, dans un cas comme dans l'autre. Un autre peuple régénéré, avec un homme nouveau à la clef, attendait au bout de cette route parsemée de cadavres.

L'histoire de la censure que Staline crut devoir imposer à Eisenstein, le réalisateur du film *Ivan le Terrible*, prouve, s'il en était encore besoin, que le tsar rouge trouvait une sorte de miroir narcissique dans l'ancien tsar noir, et qu'il était parfaitement conscient que le peuple russe le regardait du même œil. En « idéalisant », dans le film comme dans l'histoire truquée, la figure d'Ivan, Staline, s'identifiant à son prédécesseur, ne faisait que dorer son image. Pourtant, Staline avait une grande supériorité psychologique (pour ne pas dire psychiatrique) sur Ivan le Terrible : le manque de remords.

Cette différence en faveur de Staline est due, sans doute, au fait qu'Ivan, imprégné d'un ersatz de christianisme superstitieux, s'enivrait de la fumée d'encens devant les icônes après ses beuveries sanglantes, alors que Staline, néo-tsar et, en même temps, souverain pontife des dogmes du marxisme-léninisme, buvait sa vodka en l'honneur de lui-même, idolâtré, grand timonier d'une autre arche de Noé, devant sauver son propre clan, tandis que le bateau ivre surnageait sur les mers d'un déluge universel de sang.

Soljenitsyne, nouveau Dante descendu dans l'enfer du Goulag soviétique, explique ainsi la différence entre d'autres criminels de l'histoire et Staline et ses communistes : « Les justifications de Macbeth étaient faibles et le remords se mit à le ronger. Et puis le nom de Iago ne signifie-t-il pas "l'agneau" ? L'imagination et la force intérieure des scélérats de Shakespeare s'arrêtaient à une dizaine de cadavres. Parce qu'ils n'avaient pas d'idéologie. » Et le grand écrivain russe présente ainsi les méfaits énormes produits par ce mot devenu un passe-partout de l'horreur : « L'Idéologie ! C'est elle qui apporte la justification recherchée à la scélératesse, la longue fermeté nécessaire aux scélérats. C'est la théorie sociale qui aide le scélérat à blanchir ses actes à ses propres yeux et à ceux d'autrui, pour s'entendre adresser non pas des reproches ni des malédictions, mais des louanges et des témoignages de respect. C'est ainsi que les inquisiteurs s'appuyèrent sur le christianisme, les conquérants sur l'exaltation de la patrie, les colonisateurs sur la civilisation, les nazis sur la race, les jacobins (d'hier et d'aujourd'hui) sur l'égalité, la fraternité et le bonheur des générations futures. C'est l'IDÉOLOGIE qui a valu au XXe siècle d'expérimenter la scélératesse à l'échelle des millions. »

Soljenitsyne fait état d'un bruit répandu dans les années 1918-1920, donc au temps de Lénine : « ...la Tchéka de Petrograd et celle d'Odessa ne fusillaient pas tous leurs condamnés, mais en donnaient certains à dévorer (vivants) aux fauves des ménageries de la ville. » Et il ajoute en guise de conclusion : « Voilà la limite que ne peut franchir un scélérat de Shakespeare, mais que franchit un scélérat armé d'une idéologie : tout en gardant le regard clair[4]. »

Une scène terrifiante ouvre les portes de *L'Archipel du Goulag* : des poissons et des tritons, restes d'une faune fossile conservés depuis des dizaines de milliers d'années dans la glace, sont découverts et ingurgités avec impatience par les hommes des camps de concentration de Staline. Même les animaux en cage étaient plus heureux, car, dans les années de famine, quand le cannibalisme se fit jour en URSS, ils pouvaient dévorer vivants les ennemis du peuple.

Les plus grands actes d'auto-accusation arrachés par les tenailles de la torture ne sont-ils pas les témoignages ultimes du désir de la seule délivrance possible : une rapide exécution ? Parfois s'échappe de la masse des suppliciés un cri d'ironie douloureuse. Soljenitsyne relate le cas d'un torturé qui, à bout de force, « donne » comme complice le cardinal de Richelieu, sans étonner personne.

Lors de la publication en français de *L'Archipel du Goulag* j'avais écrit : « Est-ce que la souffrance d'autrui n'intéresse personne en Occident, hormis les sadiques ? Est-ce que le bruit sourd de ces "caravanes d'esclaves" qui

4. Alexandre Soljenitsyne, *L'Archipel du Goulag*, t. 1.

Bilan de la terreur

Après la tourmente des années 1929-1933, les purges ont achevé d'enfermer la société soviétique dans un climat de terreur et de désespoir permanents. Comment évaluer les pertes humaines de ces années où l'arbitraire et l'insécurité dominent la vie des individus ? En dépit des révélations faites par Khrouchtchev aux XXe et XXIIe Congrès, en dépit de l'effort des historiens soviétiques dans le même temps, nul n'a fait encore le compte exact des victimes qui jalonnent la période d'instauration du stalinisme. Les données statistiques, même réduites, éclairent cependant quelque peu l'ampleur de la tragédie vécue par le peuple soviétique. Le recensement de janvier 1937 a dénombré 164 millions d'habitants en URSS. Les prévisions du deuxième plan quinquennal évaluaient pour la même période la population à 180,7 millions d'habitants. Le déficit de 16,7 millions d'individus était si accablant que Staline lui-même, pourtant peu soucieux de ménager la sensibilité de ses administrés, n'osa l'admettre et fit annuler le recensement. Ces chiffres, déjà terribles dans leur sécheresse, ne suffisent pas, cependant, à décrire ce que furent ces années. Ils ne disent ni la peur de chacun, ni le désespoir des familles détruites, ni le destin traqué des enfants des « ennemis du peuple » abandonnés sous des identités fausses dans les orphelinats, ni les cohortes de morts-vivants qui peuplent alors les camps et les prisons. Ils ne disent pas non plus les nuits où chacun attend les coups frappés à la porte qui arrachent à la vie et ouvrent sur un destin terrifant ; ni le lâche soulagement que chacun éprouve lorsque les coups sont frappés à la porte du voisin. Ils ne disent pas comment cette terreur rampante a affecté les esprits et modifié les mentalités. Cette histoire d'une immense tragédie collective, ni Soljenitsyne, qui s'en est fait le courageux et patient archiviste, ni les romanciers, tels Grossman, Dombrovski, tant d'autres, qui tentent de la restituer par morceaux, ne l'ont encore vraiment écrite.

Hélène CARRÈRE D'ENCAUSSE,
Staline, l'ordre par la terreur, 1979.

sillonnent l'univers concentrationnaire de l'Est peut émouvoir, au moins, une "intelligentsia" occidentale mithridatisée contre tout poison qui pollue le fleuve de l'histoire ? Est-ce qu'on accorde aux êtres humains de l'Est, si proches et si lointains de nous, la compassion accordée, à juste titre, aux animaux en cage du Jardin des plantes[5] ? »

Staline ne fut pas le seul vampire du Kremlin. Lénine et Trotski (pour ne citer qu'eux), en présidant au massacre du tsar et de sa famille et, à l'autre pôle de la stratification sociale, à la liquidation des marins de Kronstadt, ont donné l'exemple pernicieux du terrorisme d'État qui verse le sang innocent pour asseoir son pouvoir abusif. Lénine lui-même, dans une lettre adressée à Zinoviev, future victime de Staline mais à l'époque chef des communistes de Léningrad, écrivit en juin 1918 :

> *... il convient d'encourager la contre-terreur des masses hostiles aux contre-révolutionnaires, voire de l'accélérer avec la plus vive énergie. Tout particulièrement à Pétersbourg, dont l'exemple est* DÉCISIF.
> *Salutations.*
>
> *LÉNINE*[6].

Mais, de toute évidence c'est à Staline que revient le mérite statistique d'être le plus grand criminel de l'histoire de tous les temps et de tous les peuples, crédité par des estimations forcément approximatives de plus de soixante millions d'êtres humains tués, par ses œuvres, en son long et terrible règne d'environ trente années (1923-1953).

Si son ancien allié, devenu ennemi acharné, Hitler, ne lui cède en rien dans l'horreur des massacres, il devait être

5. Denis Buican, « Faut-il attendre ? », *La Quinzaine littéraire*, n° 191, 1974.
6. Citation selon *Staline devant l'histoire*, *Historama*, hors série n° 20.

surpassé dans la statistique, donc dans le nombre de crimes.

Le mausolée des morts-vivants

Avant qu'il ne soit transporté, embaumé, dans le mausolée de Lénine, les funérailles de Staline coûtèrent encore du sang humain : « Elles furent cause d'une cohue invraisemblable dans les rues de Moscou, qui se solda par cinq cents morts, piétinés par une foule en folie. Jusqu'au mausolée, le sang humain accompagnait le "père des peuples". » Le stalinisme représentait une quintessence du despotisme surpassant même le nazisme : « La dictature stalinienne fut la réalisation du rêve de toutes les tyrannies : l'empire absolu sur le corps et l'âme de l'homme. Le système mis en œuvre en URSS était plus accompli et plus solide que le nazisme allemand ou le fascisme dans toutes ses variantes. Il prétendait non seulement contrôler les âmes, mais les refondre et même créer l'Homme nouveau soviétique. Cette tâche grandiose ne pouvait être menée à bien par les seuls moyens de la terreur pure. Il fallait aussi effectuer des épurations successives de la société, transformer radicalement sa structure et jusqu'à la composition physique de la population[7]. »

Panaït Istrati, écrivain franco-roumain qui, parmi les premiers au début des années trente, eut le courage suicidaire de dire la vérité sur la Russie de Staline (à la différence de l'hypocrisie d'un Romain Rolland ou d'un Louis Aragon qui étaient loin d'être isolés dans le paysage occidental), se vit répondre : « On ne fait pas d'omelette sans casser des œufs. » Et l'écrivain du Danube de rétor-

7. Michel Heller, *Alexandre Nekrich, l'utopie au pouvoir*, Éd. Calmann-Lévy.

quer : « Je vois les œufs cassés, mais je ne vois pas l'omelette. »

Louis Aragon, en 1973, dans une discussion rapportée en partie dans mes écrits du vivant de l'auteur, m'avait dit avoir souffert, dans les années trente, du contexte d'alors (cela après avoir écrit sa célèbre ode à la Guépéou, le KGB du moment). Son beau-frère, un général des services spéciaux, ayant été tué sur l'ordre de Staline, il s'était contenté de protester à l'ambassade soviétique... Comme je lui demandais pourquoi il n'avait pas crié sur tous les toits du monde qu'un innocent avait été tué, le poète communiste me répondit qu'il n'avait pas voulu faire le jeu de la droite... Il adopta la même position en 1948, en lançant des dithyrambes à Staline dans l'affaire Lyssenko...

Un complexe bizarre de sado-masochisme devait lier d'ailleurs beaucoup d'intellectuels communistes occidentaux, ou compagnons de route, à leur idole du Kremlin, tels certains à leurs chaînes de torture volontaire, comme les drogués à leur opium indispensable... ou comme les vampires au sang.

Enfin, le post-stalinisme commença, avec les funérailles sanglantes, par l'exposition dans le mausolée de la place Rouge du cercueil en verre de la momie de Staline, à côté de celui de Lénine. Ainsi, les néo-pharaons du Kremlin devinrent des sortes de morts-vivants, c'est-à-dire des vampires malfaisants longtemps après leur trépas. Le tandem Lénine-Staline était entré dans la mythologie bolchévique malgré la dénonciation de Trotski qui accusait le sombre Géorgien d'avoir « aidé » Lénine à s'en aller plus vite, grâce au poison.

La victime et le bourreau (Lénine et Staline), les grands coryphées de massacres innombrables, gisaient embaumés sous le verre de leur sarcophage, mais leur pensée maudite menaçait encore le monde et tyrannisait les peuples de toutes les Russies soviétiques et de tous les autres pays communistes.

Avant qu'il ne tombe sous le coup de son assassin, instrument de Staline, Trotski, pourtant orfèvre en la matière, impressionné par le crime du tsar rouge contre son ami d'enfance Abel Yenukidzé, tué en 1936, avait laissé gémir sa plume : « Caïn, qu'as-tu fait à ton frère ? Après ce meurtre haïssable, Caïn Djougachvili restera ton nom dans l'histoire de la Russie. » Pourtant, ce crime n'était qu'un assassinat parmi beaucoup d'autres, parmi des dizaines de millions d'autres, dont beaucoup se déroulèrent, en son nom maudit, même après sa disparition.

Staline vivant, des légendes circulaient sur sa veille éternelle pour le salut de la patrie : le passant de la place Rouge regardait une fenêtre toujours illuminée du Kremlin où, selon la propagande officielle, le généralissime (et guide suprême) élaborait le destin du monde communiste.

Que Staline fût un terrible noctambule, aucun doute ; mais si la fenêtre illuminée du Kremlin demeurait comme un symbole pour le peuple, dans la réalité sa datcha de Kountsevo, aux environs de Moscou, servait de cadre à des beuveries nocturnes en compagnies des oligarques soviétiques. On y mettait en balance, entre deux verres de vodka, le destin d'un empire traversé de massacres auxquels n'échappaient, pour survivre, que les plus chanceux ou bien les plus lâches et les plus disposés à surenchérir dans l'horreur.

Le syndrome de Dracula

La « psychologie des foules » pourrait-elle rendre compte à la fois du syndrome et du mythe présidant à la métamorphose de Vlad l'Empaleur, prince historique, en Dracula, personnage légendaire ? Si l'on écoute Gustave Le

Bon, on serait presque tenté de le croire : « ...Malmenez les hommes, massacrez-les par millions, amenez invasion sur invasion, tout vous est permis si vous possédez un degré suffisant de prestige et le talent nécessaire pour le maintenir[8]. »

Auparavant, dans le même livre, il est écrit, toujours à propos des foules : « Leurs sympathies n'ont jamais été aux maîtres débonnaires, mais aux tyrans qui les ont vigoureusement dominées. C'est toujours à eux qu'elles dressent les plus hautes statues. Si elles foulent volontiers à leurs pieds le despote renversé, c'est parce qu'ayant perdu sa force, il rentre dans la catégorie des faibles qu'on méprise et ne craint pas. Le type du héros cher aux foules aura toujours la structure d'un César. Son panache les séduit, son autorité leur impose et son sabre leur fait peur. »

Pour abonder dans le sens de Gustave Le Bon, l'expérience historique montre que les Césars s'emparant du pouvoir n'ont pas eu tous la valeur et l'intelligence de Jules César. Plus souvent ils ont eu la cruauté folle des Néron, Caligula, Ivan le Terrible, Staline, Hitler, Ceauscescu, pour ne pas parler de Khomeiny et d'autres tyranneaux du tiers monde. Mais s'agit-il, comme l'affirme Le Bon, d'une véritable attirance des foules (des masses, comme l'on dit aujourd'hui) pour leurs tyrans ? Rien n'est moins sûr, car d'habitude les foules sont trompées et manipulées avant d'être violées par leurs despotes.

Mais si les peuples, dans leur majorité, ne se mettent pas, par plaisir, sous le joug d'un tyran redoutable, il existe toujours une frange plus ou moins large de la population qui constitue une populace entichée de morbide. On y rencontre les tortionnaires et les sadiques de toutes les polices, de toutes les armées. Paraphrasant le langage parlé,

---

8. Gustave Le Bon, *Psychologie des foules*, collection « Quadrige », PUF, 1983.

parfois truculent, d'un de Gaulle, on pourrait dire les politichiens et leurs police-chiens capables et coupables de toute turpitude. Sans doute leur mal intrinsèque trouve-t-il dans le mythe de Dracula un épouvantail-alibi, l'insurpassable dans le pire.

Mon compatriote des Carpates et trop rare compagnon de promenade du jardin du Luxembourg, Cioran, a pu penser : « Si Noé avait eu le don de lire dans l'avenir, il n'est point douteux qu'il se fût sabordé[9]. » Peut-être le subtil auteur du *Précis de décomposition* est-il, malgré tout et malgré lui, trop optimiste : c'est supposer à cet ancêtre putatif trop de sagesse lucide. D'habitude, Job, comme tout homme, préfère son fumier au néant. Pourquoi Noé aurait-il fait exception à cette règle commune ?

Eschyle, montre dans son *Prométhée enchaîné* le titan torturé pour avoir offert le feu aux humains : « Tu pousseras des plaintes sans fin et des lamentations sans effet : car le cœur de Zeus est inflexible : un nouveau maître est toujours dur. » En effet, détrônant son père Chronos, qui dévorait ses enfants mais auquel Zeus échappa, grâce à une supercherie, ce dernier maître du ciel devait asseoir avec brutalité son nouveau pouvoir et tenir dans les ténèbres les mortels afin qu'ils l'adorent mieux.

Notre siècle ne fit que trop confirmer l'antique observation du grand tragique grec, en tombant, en Europe, de mal en pis : du tsar en Staline, du Kaiser en Hitler, du maréchal « Conducator » Antonescu en l'apprenti cordonnier, et surtout sorcier, Ceauscescu...

En parlant avec lucidité du choix résultant de l'ancien partage de l'Europe et du clivage Est-Ouest, Virgil Gheorghiu fit dire à un de ses personnages, ballotté entre les Américains et les Soviétiques : « Il n'y a plus à choisir qu'entre deux prisons. » Et, plusieurs dizaines de pages

9. Cioran, *Syllogisme de l'amertume*, Éd. Gallimard, « Idées », 1976.

5 000 juifs sont massacrés en Ukraine sur ordre de Hitler

« J'entendais des coups de fusil se succéder à une cadence rapide ; le son venait de derrière un des monticules de terre. Ceux qui étaient descendus des camions, hommes, femmes et enfants de tous âges, durent se déshabiller sur l'ordre d'un SS armé d'un fouet de chien ou d'une cravache. Ils durent ensuite poser leurs vêtements à des emplacements déterminés, selon qu'il s'agissait de souliers, de vêtements de dessus ou de sous-vêtements. Je vis une pile de chaussures d'environ 800 à 1 000 paires, de grandes piles de sous-vêtements et de vêtements.

« Sans crier, sans pleurer, ces gens se dévêtirent, se groupèrent par familles, s'embrassèrent, se dirent adieu et attendirent qu'un autre SS debout près de la fosse, la main également armée d'un fouet, leur fît signe. Tout au long des quinze minutes pendant lesquelles je restai près de la fosse, je n'entendis ni une plainte, ni un appel à la pitié.

« Une vieille femme aux cheveux blancs comme neige tenait dans ses bras un enfant âgé d'un an, elle lui chantait et le chatouillait. L'enfant roucoulait de joie. Ses parents le regardaient les larmes aux yeux. Le père serrait la main d'un jeune garçon âgé d'environ dix ans auquel il parlait doucement ; le jeune garçon luttait pour refouler ses larmes. Le père lui montra du doigt le ciel, lui caressa les cheveux et parut lui expliquer quelque chose...

À ce moment, le SS placé près de la fosse cria quelque chose à son camarade. Ce dernier sépara des autres une vingtaine de personnes et leur donna l'ordre d'aller derrière le monticule. Je revois encore une jeune fille, mince, aux cheveux noirs, qui, en passant près de moi, se montra elle-même du doigt en disant : "Vingt-trois ans." »

« Je contournai le monticule et me trouvai devant une immense tombe. Les corps étaient étroitement emmêlés et gisaient les uns au-dessus des autres, si bien que leurs têtes seules étaient visibles. Certains remuaient encore. Quelques-uns levaient les bras et tournaient la tête pour montrer qu'ils vivaient encore. La fosse était déjà aux deux tiers pleine. J'estimai qu'elle contenait environ un millier de cadavres. Je cherchais du regard l'homme qui tirait.

C'était un SS. Il était assis sur le rebord de l'extrémité resserrée de la fosse, les pieds pendant au-dessus du trou. Une mitraillette était posée sur ses genoux et il fumait une cigarette.

« Les malheureux, complètement nus, descendirent quelques marches, enjambèrent ceux qui gisaient là pour atteindre la place que leur désignait le SS. Ils s'allongèrent devant les morts et les mourants ; certains se mirent à caresser ceux qui vivaient encore et à leur parler à voix basse. Puis j'entendis une série de détonations. Je regardai dans la fosse et vis des corps qui se tordaient ou des têtes qui reposaient, déjà immobiles, sur les corps étendus sous elles. Le sang coulait des nuques des victimes.

« Le groupe suivant approchait déjà. Ils descendirent dans la fosse, s'alignèrent contre les victimes précédentes et furent abattus. »

Témoignage d'Hermann Graebe
au procès de Nuremberg.

---

plus loin, il laisse échapper ces paroles désabusées : « L'Homme est désormais en minorité et il a les poings liés. Il ne peut plus rien faire pour lui-même ou pour ses semblables. L'Homme a des chaînes mécaniques. Vous les avez aussi. Les chaînes de la bureaucratie technique vous pendent aux mains et aux jambes. C'est tout ce que la civilisation occidentale contemporaine puisse encore nous offrir, à nous les hommes : les menottes [10]. »

Contre un tel monde (sélectif dans le pire) Kafka lui-même apporte un fort témoignage. Ainsi, dans *La Colonie pénitentiaire*, il brosse un tableau de la torture au service du terrorisme d'État : un officier tortionnaire invite un explorateur pour lui faire admirer une machine de torture et de mort, invention de son cru. Devant le mépris du voyageur pris comme juge, l'officier se suicide en se jetant dans son propre appareil. La sensibilité du bourreau

10. Virgil Gheorghin, *La Vingt-cinquième heure*, Éd. Plon, 1949.

de Kafka l'humanise (son suicide est, dans un sens, son premier geste véritablement humain) et, en même temps, le singularise parmi les tueurs de l'histoire, lesquels n'avaient point de telles sensibleries petites-bourgeoises. En attribuant cette réaction, même narcissique, à un pur tortionnaire, Kafka lui-même se montre-t-il trop optimiste sur la nature humaine ?

En effet, les tortionnaires de ce siècle n'ont pas seulement profité de l'expérience historique passée, mais ils ont enrichi leur panoplie diabolique depuis les tortures à l'électricité d'Algérie, du Viêt-nam et d'ailleurs. Il faut noter que même l'écrivain américain Hemingway a subi, dans des cliniques spécialisées, des électrochocs censés le soigner de ses angoisses, sous la surveillance clandestine du FBI, tandis que les internements psychiatriques en URSS [11] ou en d'autres pays comme la France [12] faisaient taire des dissidents ou des indésirables.

Faut-il rappeler que, après la Seconde Guerre mondiale, le premier cas d'internement psychiatrique pour cause politique fut réservé au poète Ezra Pound. Cet Américain avait préféré à son pays d'origine l'Italie de Mussolini. Cela lui valut, grâce à la miséricorde de la « démocratie » américaine, plus de douze longues années dans les maisons de fous des États-Unis – il est vrai plus clémentes que celles de l'URSS de Brejnev...

Faut-il aussi parler des manipulations mentales (véritables tortures psychiatriques avec drogues) utilisées, à la fois, par la CIA et les terroristes [13]...

Enfin, les éventuelles manipulations génétiques (capables, comme la langue d'Ésope, du meilleur comme du

---

11. Jaurès et Roy Medvedev, *Un cas de folie*, Éd. Julliard, 1972.
12. Philippe Bernardet, *Les Dossiers noirs de l'internement psychiatrique*, Éd. Fayard, 1989.
13. Gordon Thomas, *Enquête sur les manipulations mentales, les méthodes de la C.I.A et des terroristes*, Éd. Albin Michel, 1989.

pire) peuvent ouvrir, une fois dans les mains d'un docteur Folamour téléguidé par des dictateurs sans scrupules, sur un monde dont les démons tutélaires seraient, en toute confraternité dans l'horreur, Dracula et Frankenstein.

En effet, les « chimères » génétiques (c'est-à-dire les hybrides éloignés) obtenues par des manipulations héréditaires outrepasseront peut-être, dans un avenir imprévisible, les Sirènes, les Centaures, les Sphynx et les terribles Harpies de l'Antiquité grecque.

Mais l'homme à la quête du Sur-Être peut, par une architecture génétique fautive, créer un Monstre. Un Dracula-Frankestein peut toujours surgir d'une éprouvette manipulée par un apprenti sorcier de demain. Le syndrome de Dracula tapi dans les ténèbres qui se partagent, avec les lumières, le cœur de l'être humain, peut toujours faire poindre à l'horizon, sortis des œufs maudits, des créatures d'épouvantes.

La faune apocalyptique rencontre-t-elle dans l'imaginaire terrible de la fin de la biosphère, les monstres antédiluviens dont les ossements sillonnent les entrailles de la terre et dont les images hantent les livres de paléontologie ? Les symboles de la fin touchent-ils aux bêtes du commencement du monde ?

Dracula, sombre diamant noir, concentre-t-il l'archétype jailli de la nuit des âges et du tréfonds de la préhistoire de l'évolution animale, pour toucher à la révélation apocalyptique de Jean, projetée à la fin des temps où rampe « le grand dragon, l'antique serpent, celui qu'on nomme Diable et Satan, le séducteur du monde entier » ?

Suprême symbole sorti du cerveau reptilien de l'espèce humaine et syndrome enchaîné à jamais à l'éternité provisoire de l'homme sur la terre, avant que la poussière de la vie ne retombe dans le tourbillon cosmique de la poussière originelle – poussière de lumière, poussière des ténèbres...

Dans la mémoire héréditaire de l'espèce humaine, comme dans les archives stratifiées de la terre, pullule, sans doute, une faune préhistorique dont le parangon est *Tyrannosaurus Rex* – le tyrannosaure, grand et terrible reptile dinosaurien carnivore dominant la terre où il avait établi sa niche écologique, tandis que dans le ciel volaient, de leurs lourdes ailes, des reptiles comme les ptérosauriens.

Les anonymes et fort éloignés ancêtres du futur genre humain devaient ressentir devant le tyrannosaure la même peur instinctive que l'homme moderne devant Dracula et ses trop nombreux dérivés.

Insuffisamment maîtrisées par le néocortex, plus spécifiquement humain, les parties du cerveau que nous possédons en commun avec nos ancêtres mammifères et avec les reptiliens (encore plus éloignés) font peut-être revivre et survivre dans les tréfonds du subconscient les pulsions fondamentales qui écartèlent l'homme, maudit pour avoir goûté à l'Arbre de la Connaissance – entre le bien et le mal, la lumière et les ténèbres.

Empruntant les dents (les immenses canines qu'il exhibe sur les écrans cinématographiques) au tigre à dents de sabre, spécimen bizarre de la faune paléontologique, Dracula renforce son image de cruauté naturelle et même surnaturelle. Vampire diabolique, il sublime, dans une hyperbole suprême, toutes les générations de proies tombées sous les crocs des prédateurs.

Alors que, pis encore que le passé, le futur virtuel semble poindre à l'horizon, comme sorti des caprices d'un Goya et des sombres tableaux d'un Jérôme Bosch. Car certains réflexes de l'homme, rencontrés également chez l'animal (notamment celui d'économiser la vie de son semblable après un combat rituel suivi des rites de soumission du vaincu) semblent totalement abolis par les moyens faciles et « propres » de tuer d'aujourd'hui et, encore plus, de demain.

Jusqu'à nos jours, les mains étaient considérées comme salies par le sang d'un meurtre. Déjà, certains rites primitifs comportaient des purifications pour la « race » de Caïn. Aujourd'hui, certains criminels endurcis ne seraient peut-être pas aussi enclins à tuer s'ils avaient à le faire de leurs propres mains. On raconte que Himmler fut près de s'évanouir lorsqu'il assista à une exécution sauvage. Quant à Beria, le grand inquisiteur de Staline, c'était un bureaucrate du crime et non un « tortionnaire ».

Maintenant, le crime devient parfaitement « propre » à l'échelle mondiale : il suffirait de presser un bouton pour que le globe se transforme en un immense champignon atomique. Même dans ce cas, les faibles inhibitions que l'homme peut ressentir devant la mort semblent abolies par l'impossibilité de se représenter vraiment, autrement que de manière logique, la mort universelle. Le danger qui guette l'espèce humaine est l'immense force de destruction que l'homme – apprenti sorcier moderne – ne semble pas préparé à maîtriser.

Depuis le pal artisanal de Dracula et l'épieu d'Ivan le Terrible, notre siècle a offert le foudroyant « progrès » des génocides successifs de classe et de race d'une ampleur jamais atteinte dans le passé du globe terrestre.

Pour autant, peut-on parler de l'éternel retour de Dracula, réunissant la tyrannie historique d'un Vlad l'Empaleur avec l'ombre noire du vampire légendaire, projetée comme un linceul sur l'humanité ?

Aurore ou horreur

Si le monde d'où est sorti Dracula se trouve enseveli dans les entrailles de la terre, ou dans les vitrines des musées, en revanche, une autre faune, la faune cybernétique de plus en plus triomphante peut projeter l'ombre inquiétante (comme, par exemple, dans les films de science-fiction) de la guerre des étoiles ; car de telles œuvres cinématographiques, présentant des images dignes de l'ancien maître ès horreurs, défilent sur les grands écrans ou sur les étranges lucarnes de la télévision.

Au siècle prochain, verra-t-on, grâce au progrès scientifique et technique, ces images descendre des livres de science-fiction ou des films d'anticipation pour conquérir et vampiriser le monde ? Et sous la baguette, magique ou non, d'un des très nombreux semblables potentiels de Dracula, l'humanité ivre de sang avancera-t-elle à reculons vers l'ère des ténèbres ?

Creusant la terre pour plonger vers les sources profondes d'eau vive (en descendant comme dans un puits) on peut retrouver, même pendant la journée la plus ensoleillée, la voûte féerique de la nuit qui plonge ses étoiles dans ce fluide primordial paru enténébré.

Naguère, dans la contrée des Carpates, un jeune couple, de l'âge de Roméo et Juliette, empêché par ses proches de s'unir devant l'Éternité, se jeta enchaîné au fond d'un puits pour rencontrer, sinon la voûte céleste d'en haut, au moins les étoiles d'en bas, bercées par l'eau du commencement. Le puits, devenu maudit par les paysans du Danube d'alentour, fut déserté par les vivants qui, désormais, l'appelèrent le puits de Dracula...

On pourrait dire, en paraphrasant le roi Lear, que sur de tels sacrifices les dieux eux-mêmes devraient jeter de l'encens. Éros, rejoignant dans l'éternité Thanatos. Symbole suprême qui peut soulever un coin du voile sur le mystère de l'attraction-répulsion entourant le vampire légendaire et l'engouement, suscité par ses avatars mythologiques et historiques. Les nuits ensanglantées de Dracula retrouvent, dans le spasme d'Éros, les bras éternels de Thanatos.

Le vampire de Baudelaire, fleur maladive cueillie parmi *Les Fleurs du mal*, plonge vers ces rhizomes où l'homme se trouve enchaîné à son vampire « comme le forçat à sa chaîne ». Malgré ses malédictions inefficaces, la fin du poème montre un être humain indigne (ou plutôt impuissant) de s'échapper à son « esclavage maudit » : ses baisers coupables seraient capables de ressusciter le cadavre de son vampire.

Et *Une saison en enfer*, de Rimbaud, pourrait jeter encore un brin de lumière abyssale sur les entrailles de l'être : « J'ai appelé les bourreaux pour, en périssant, mordre la crosse de leur fusils. J'ai appelé les fléaux, pour m'étouffer avec le sable, le sang. Le malheur a été mon dieu. Je me suis allongé dans la boue. Je me suis séché à l'air du crime. Et j'ai joué de bons tours à la folie. »

Et pourtant, ce monde crépusculaire apparenté, dans un autre registre, à la Tétralogie de Wagner (dominée par un tandem constitué de l'or maudit du Rhin, trésor implacable, gardé par les dragons rappelant les monstres préhistoriques) semble s'illuminer d'une étrange lumière : « Ô l'Oméga, rayon violet de Ses Yeux ! »

Dans la biosphère et dans l'univers, les lumières et les ténèbres jaillissent dans une suprême danse cosmique d'une vie ivre de mort, en posant leurs jalons inaltérables dans les profondeurs du fleuve du vivant – à la fois le même et toujours autre, en son singulier de la multiplicité. Enchevêtrée sous le signe de l'Inconnu et, peut-être, de l'Inconnaissable, on voit défiler, enchaînée à jamais dans la geôle de la boîte crânienne, comme dans la caverne de Platon, l'ombre des ombres des choses.

Le néocortex du cerveau humain est comme un bunker

ultra-moderne construit à partir d'une caverne préhistorique d'où s'échappe toujours, parmi la faune cybernétique ultra-sophistiquée, comme par une faille primordiale menant au cerveau reptilien, une autre faune, beaucoup plus primitive, dont le grand maître symbolique reste Dracula.

Dracula qui, archétype sanglant des ténèbres, accomplit son éternel retour sans rémission jusqu'à ce jour imprévisible où les dards de lumière banniront, enfin, les ténèbres, préhistoriques et historiques, au seuil d'une Aurore nouvelle. Puissé-je ne m'être point trompé de mot car, à l'oreille d'un paysan du Danube, Aurore et Horreur semblent dotées d'une bizarre résonance commune... Et trop souvent – sinon toujours – les « lendemains qui chantent » hurlent dans les trompettes de l'Apocalypse.

Table des matières

Ouvrages du même auteur

Aux Presses universitaires de France (PUF)

- *Histoire de la génétique et de l'évolutionnisme en France*, 1984.
- *La Génétique et l'Évolution*, Que sais-je ?, 1986.
- *Darwin et le darwinisme*, Que sais-je ?, 1987.
- *Lyssenko et le lyssenkisme*, Que sais-je ?, 1988.
- *La Révolution de l'évolution*, PUF, 1989.
- *L'Évolution et les Évolutionnismes*, Que sais-je ?, 1989.

Chez d'autres éditeurs

- *L'Éternel Retour de Lyssenko*, Copernic, 1978.
- *Sur-Être ? Hérédité et avenir de l'homme*, S. Fleury-L'Harmattan, 1983.
- *Génétique et pensée évolutionniste*, Sedes, Coll. « Regards sur l'histoire », 1987.
- *L'Explosion biologique. Du néant au Sur-Être ?* Éd. de l'Espace Européen, 1991.
- *Charles Darwin, avant/après*, Criterion, 1992.
- *Mendel et la génétique d'hier et d'aujourd'hui*, Criterion, 1993.

En d'autres langues

- *Biologie générale, génétique et amélioration* (en roumain, avec la collaboration de B. Stugren), Bucarest : EDP, 1969.
- *L'Eterno Ritorno di Lysenko*, Rome : Armando Armando, 1983.
- *A Genética e a Evoluçao*, Portugal : Ed. Europa-América, 1987.
- *Darwin e o darwinismo*, Rio de Janeiro : Zahar, 1990.
- *Darwin ve Darwinizm*, Istanbul : ILEU, 1991.

Œuvres littéraires

- *Arbre seul*, Poèmes, Pierre-Jean Oswald, 1974.
- *Lumière aveugle*, Éd. Saint-Germain-des-Prés, coll. « Poésie sans frontière », 1976.

À paraître

- *Biognoséologie, histoire et philosophie naturelle de la connaissance*, 1994.

Cet ouvrage, publie
sous l'egide de Kiron,
centre d'art, de culture et de communication
du groupe Palladium,
a ete realise par la
Societe Nouvelle Firmin-Didot
Mesnil-sur-l'Estree
pour le compte des Éditions du Felin
en septembre 1993

KIRON

Imprimé en France
Dépôt légal : septembre 1993
N° d'impression : 24805